AtV

THEODOR FONTANE wurde am 30. Dezember 1819 im märkischen Neuruppin geboren. Nach vierjähriger Lehre arbeitete er in verschiedenen Städten als Apothekergehilfe und erwarb 1847 die Zulassung als »Apotheker erster Klasse«. 1849 gab er den Beruf auf, etablierte sich als Journalist und freier Schriftsteller und heiratete 1850 Emilie Rouanet-Kummer. Seit 1844 gehörte Fontane dem literarischen Sonntagsverein »Tunnel über der Spree« an. 1855 bis 1858 hielt er sich in London auf, u. a. als »Presseagent« des preußischen Gesandten. Zwischen 1862 und 1882 kamen die »Wanderungen durch die Mark Brandenburg« heraus. Neben seiner umfangreichen Tätigkeit als Kriegsberichterstatter und Reiseschriftsteller war Fontane zwei Jahrzehnte Theaterkritiker der »Vossischen Zeitung«. In seinem 60. Lebensjahr trat er als Romancier an die Öffentlichkeit. Dem ersten Roman »Vor dem Sturm« (1878) folgten in kurzen Abständen seine berühmt gewordenen Romane und Erzählungen sowie die beiden Erinnerungsbücher »Meine Kinderjahre« und »Von Zwanzig bis Dreißig«. Fontane starb am 20. September 1898 in Berlin.

Die originelle Textsammlung ist ebenso appetitanregend wie ihr Gegenstand. Aus Fontanes Romanen und Autobiographien, den »Wanderungen durch die Mark Brandenburg«, aus seinen Briefen und Gedichten erfahren wir: auch für ihn war Essen und Trinken ein unerschöpfliches Thema. »Ich habe eine hohe Vorstellung von der Heiligkeit der Mahlzeiten, gleich nach dem schlafenden kommt der essende Mensch.« Über ein gutes Frühstück in angenehmer Gesellschaft ging ihm nichts, märkische Spezialitäten wußte er ebenso zu schätzen wie exotische Delikatessen. Und Götterspeise, Baumkuchen und eine gutgebackene Semmel konnten ihm als Gipfel des Glücks erscheinen.

»Ich bin nicht für halbe Portionen«

Essen und Trinken mit **Theodor Fontane**

Herausgegeben von
Luise Berg-Ehlers und Gotthard Erler

Aufbau Taschenbuch Verlag

ISBN 3-7466-5299-5

1. Auflage 1998
Aufbau Taschenbuch Verlag GmbH, Berlin

Umschlaggestaltung Torsten Lemme
unter Verwendung des Gemäldes »Das Picknick«
von Claude Monet, Mauritius Bildagentur
Typographie Heinz Hellmis
Satz LVD GmbH, Berlin
Druck und Binden Clausen & Bosse, Leck
Printed in Germany

Inhalt

Aperitif

In jedem Fontane-Roman wird mindestens einmal ausgiebig getafelt oder wenigstens ein Imbiß auf der Landpartie genommen. Manchmal erfährt man ganz genau, was auf den Tisch kommt, zum Beispiel ein »echtes Berliner Essen« in »Vor dem Sturm«: »... erster Gang eine große Schüssel mit Mohnpielen, daneben links ein Heringssalat und rechts eine Sülze. Alles reich gewürzt; auf dem Mohn eine dichte Lage von gestoßenem Zimt, auf dem Salat kleine Zwiebeln, die mit Pfeffergurken und sauren Kirschen abwechselten.« Im »Stechlin« ist verheißungsvoll von »losgelösten Krammetsvögelbrüsten« in einer »höheren Form von Schwarzsauer« die Rede, die aber Küchengeheimnis bleibt. Leo von Poggenpuhl dagegen begnügt sich mit den schäbigen Resten eines Edamers und nimmt zum Tee einen Gilka. Zum richtigen Diner gehören diverse Weine, und von Montefiascone und Lacrimae Christi in »L'Adultera« bis zum Trarbacher bei Professor Schmidt in »Frau Jenny Treibel« läßt Fontane die zeitgenössischen Edelsorten Revue passieren. Nicht zu vergessen das ABC der renommierten Liköre und das genüßliche Anzünden von Zigarren oder Meerschaumpfeifen, nachdem die älteste Dame von ihrem

»Tafelaufhebungsrecht« Gebrauch gemacht hat. ***W****as wären freilich all diese Diner- und Abendbrot-Szenen ohne die Gespräche und Dispute, die dabei geführt werden; ja Essen und Trinken sind, genau besehen, nur der angenehm-willkommene Anlaß, Figuren vorzuführen, Meinungen zu vertreten, die Fabel weiterzuspinnen und nicht zuletzt: die Kultur der Gastlichkeit, der Geselligkeit darzustellen, wo sich Lukullisches und Kulinarisches wie selbstverständlich mit espritvoller Unterhaltung bei Tisch und Nachtisch verbinden.* ***I****n der erfreulichen Kombination von Gaumen- und Gesprächsfreuden ist unschwer der Autor Theodor Fontane zu identifizieren, der sich aus gutem Grund etwas auf sein »Causeurtum«, seine Kunst des geistvollen Plauderns, zugute hielt und der, das mindeste zu sagen, ein überaus konstruktives Verhältnis zur Befriedigung seiner Leib- und Magenbedürfnisse hatte: »Ich habe eine hohe Vorstellung von der Heiligkeit der Mahlzeiten; gleich nach dem schlafenden kommt der essende Mensch.«* ***F****ontane war ein Gourmet und ein Gourmand, beides, scheint es, aus Passion. »Ich bin nicht für halbe Portionen«, bekennt er und gedenkt mit sichtlichem Behagen der »Vernichtungsfeldzüge« gegen Frau von Merckels »Schwemmklöße« (was immer das war). Er muß, bei strikter Aversion gegen die sächsische »Mehlpampe«, ein Suppenfanatiker gewesen sein, was nicht zuletzt an den hier erstmals veröffentlichten eigenhändigen Wochenspeiseplänen ablesbar ist. Vorzüglich zubereitete Hammelkoteletts mit Bohnen, aber auch Quetsch- und Bratkartoffeln zählten zu seinen Lieblingsgerichten, wobei der Hammel (»unendlich süßes Wort«) englischen und italienischen Qualitätsmaßstäben zu genügen hatte. Ein Schrecken war ihm, dem Vielgereisten, das kollektive Mittagessen in Hotels und*

Gasthäusern (Table d'hôte genannt), bei dem er zwischen Hungrigbleiben und Langerweile umzukommen fürchtete und oft genug Unappetitliches hinzunehmen hatte. Er begann gern »mit Austern und Chablis«, aber er konnte (unausbleiblich bei seiner labilen Gesundheit) auch »Hungerkuren« mit Tee, Rotwein und Selters absolvieren, und der entlaufene Apotheker verordnete die bewährten Hausrezepte auch seiner Familie. **B***ier hat er sehr geschätzt; ob Kulmbacher oder Werdersches – beides galt ihm als »Roborans«, als kräftigendes Getränk. Die Bemerkungen über Champagner sind höchst widersprüchlich, die Bekenntnisse zu Mosel- und Ungar-Weinen bleiben sich gleich – wie die zum Cognac, den er gern, wohldosiert, zum »Kaffe« trank. Er hat »Kaffe« bis zu seinem Tode mit einem »e« geschrieben, und er scheint ihn zeitweise ungeheuer stark und in großen Mengen getrunken zu haben. Wie lange er, beiläufig, geraucht hat, läßt sich schwer sagen. Auf Reisen bevorzugte er die Nichtraucher-Coupés; Zigarren (im »Stechlin« sogar Zigaretten) läßt er gleichwohl allenthalben glimmen. Ob er, wie der kleine Fünfzeiler suggeriert, nach einer schlechten uckermärkischen Zigarre aus Vierraden tatsächlich das Rauchen aufgegeben hat, bleibt fraglich und ist auch kaum wichtig.* **E***r war »kein Fresser von Fach«, wohl aber ein Genießer mit einem gewissen Hang zur Quantität. Gutes Essen und schmackhafte Getränke – in seiner bescheidenen Mansardenwohnung in der Potsdamer Straße 134c oder draußen im Jagdschloß Dreilinden beim Prinzen Friedrich Karl – schätzte er hoch, und auf ein entsprechendes Ambiente legte er Wert. Daß diese Kultur des 19. Jahrhunderts, in seinen Romanen und in zahlreichen autobiographischen Zeugnissen vielfältig reflektiert, bedroht war, spürte er wohl.*

In seinem späten Gedichtentwurf »Retrorsum«, das unsere kleine Sammlung beschließt, beschwor er die Horrorvision der technifizierten Nahrungsaufnahme aus dem Automaten. Und das moderne Massen-Essensangebot des neuen Jahrhunderts wäre ihm tatsächlich ein Greuel gewesen; er wollte essen wie an seinem Hochzeitstag anno 1850: gut, ausgiebig, unbehelligt.

Luise Berg-Ehlers / Gotthard Erler

»Seine Verpflegung wird Ihnen allerhand Schwierigkeiten machen«

Statt einer Vorspeise

Am 15. Oktober war Polterabend gewesen, am 16. war Hochzeit. Ich habe viele hübsche Hochzeiten mitgemacht, aber keine hübschere als meine eigne. Da wir nur wenig Personen waren, etwa zwanzig, so hatten wir uns auch ein ganz kleines Hochzeitslokal ausgesucht, und zwar ein Lokal in der Bellevuestraße – schräg gegenüber dem jetzigen Wilhelmsgymnasium –, das »Bei Georges« hieß und sich wegen seiner »Spargel und Kalbkoteletts« bei dem vormärzlichen Berliner eines großen Ansehns erfreute. Dem Gastmahl voraus ging natürlich die Trauung, die zu zwei Uhr in der Fournierschen Kirche, Klosterstraße, festgesetzt worden war. Alles hatte sich rechtzeitig in der Sakristei versammelt, nur mein Vater fehlte noch und kam auch wirklich um eine halbe Stunde zu spät. Wir waren, um Fourniers willen, in einer tödlichen Verlegenheit. Er aber, ganz feiner Mann, blieb durchaus ruhig und heiter und sagte nur zu meiner Braut: »Es ist vielleicht von Vorbedeutung – *Sie sollen warten lernen.*« Und nun waren wir getraut und fuhren in unsrer Kutsche zu »Georges«, wo in einem kleinen Hintersaal, der den Blick auf einen Garten hatte, gedeckt war. Eine Balkontür stand auf, denn es war ein wunderschöner Tag. Draußen flogen noch die Vögel hin und her, aber es waren wohl bloß Sperlinge.

Das Arrangement hatten wir Wilhelm Spreetz überlassen. Wilhelm Spreetz, ein behäbiger Herr von Mitte Dreißig, war Oberkellner im Café National hinter der Katholischen Kirche, *dem* Lokal also, drin wir seit einer ganzen Reihe von Jahren unsre Tunnelsitzungen hatten. Bei diesen Sitzungen uns zu bedienen war der Stolz unsres literarisch etwas angekränkelten Wilhelm Spreetz, und als er davon hörte, daß ich Hochzeit machen wollte, bat er darum, dabeisein und, soweit das in einem fremden Lokale möglich, alles leiten zu dürfen. Eine Bitte, die ich, schon weil ich an die Macht freundlicher Hände glaube, mit tausend Freuden erfüllte.

Bei Tische, zu meinem Leidwesen, fehlte Fournier, was wohl damit zusammenhing, daß er von der mutmaßlichen Anwesenheit meines bethanischen Freundes Pastor Schultz gehört hatte. Beide paßten eigentlich vorzüglich zusammen, waren aber, der eine wie der andere, sehr harte Steine: Fournier ganz Genferischer, Schultz ganz Wittenbergischer Papst. Und so räumte denn Genf, klug und vornehm wie immer, das Feld.

Auf dem Tisch hin standen natürlich auch Blumen; aber was mir noch lieber war, auch schon bloß um des Anblicks willen, das waren die Menschen, die die Tafel entlang saßen. Ich bin sehr für hübsche Gesichter, und fast alle waren hübsch, darunter viele südfranzösische Rasseköpfe. Doch verblieb der schließliche Sieg, wie das zum 16. Oktober auch paßte, dem Deutschtum. Unter den Gästen waren nämlich auch Eggers und Heyse, deren Profile für Ideale galten und dafür auch gelten durften. **S**chultz brachte sehr reizend den Toast auf das Brautpaar aus, und was das Reizendste für mich war, war, daß ein Bräutigam nicht zu antworten braucht. Ich beschränkte mich auf Kuß und Händedruck und aß ruhig und ausgiebig weiter, was, wie ich gern glaube, einen ziemlich prosaischen Eindruck gemacht haben soll. Als mir Schultz eine Weile schmunzelnd zugesehen hatte, sagte er zu meiner Frau: »Liebe Emilie, wenn *der* so fortfährt, so wird seine Verpflegung Ihnen allerhand Schwierigkeiten machen.« **D**iese Schwierigkeiten waren denn auch bald da: schon nach anderthalb Monaten flog meine ganze wirtschaftliche Grundlage, das »Literarische Bureau«, in die Luft. **I**ch hatte, wie schon angedeutet, geglaubt, im Hafen zu sein, und war nun wieder auf stürmischer See.

Von Zwanzig bis Dreißig

Ein gutes Frühstück dauert bis zum Abend

Echte und unechte Dejeuners

Mitunter, wenn ich beim Frühstück sitze,
Kommen mir alle die alten Witze …
1885

Ich begann mit Austern und Chablis

Der Marsch aus dem »Tannhäuser« klang noch, als ich in mein »Hôtel royal« wieder zurücktrat. Es war Dejeunerzeit. Ich begann wie billig mit Austern und Chablis. Diesen Luxus, wenn es an dieser Stelle überhaupt einer war, empfand ich wie eine Pflicht. Ich hatte mich in Epernay und Reims (wer tränke *einsam* Champagner?) mit einem »bock« begnügt, aber nun auch – nach Analogie jenes vormärzlichen Landsmanns, der, zweimal an dem Eckladen vorübergehend, das dritte Mal um so sicherer überzeugt war, sich für seine Enthaltsamkeit belohnen zu müssen – glaubte auch ich mir ein Anrecht auf das natürliche Gewächs des Meeres, die *Auster,* erworben zu haben. Sie kam in jener nicht genug zu bewundernden Gestalt, die zwischen der großen holsteinschen und den kleinen Whitstables die richtige Mitte hält, und ich darf sagen, seit jenem schönen Maitage 1864, wo ich mit Dr. H. (den ich hiermit schönstens grüße) in »Wilkens Keller« die ohnehin frischen Düppelreminiszenzen mit Château d'Yquem noch frischer machte, hatt ich *so* nicht wieder gefrühstückt. Denn ein echtes Frühstück, man täusche sich darüber nicht, ist rar wie alles Schöne und Große. Es muß im Vordergrunde Stimmung und im Hintergrunde Erinnerungen haben. Hier in Dieppe hatt ich beides, und so erschien mir denn wieder einmal einer jener

rätselhaft gebornen
Und, kaum begrüßt, verlornen

Augenblicke (wie Lenau das *Glück* definiert), ein Glükkesaugenblick, sag ich, dessen ich um so dankbarer gedenke, als er es mit seiner Zeitbegrenzung nicht allzu peinlich nahm. Im Gegenteil. Es hing Gewicht sich an Gewicht, und die dritte Stunde war vorüber, als ich mich geländerfest auf mein Zimmer hinauffühlte.

Aus den Tagen der Okkupation

Englisches Frühstück

Lassen Sie mich in möglichster Kürze schildern, wie ein Tag verläuft. Nach abgehaltener Morgenandacht versammelt sich alles beim Frühstück: Kaffee und Tee, Hammelbraten und Eier, Speckschnitte und geröstetes Weißbrot machen die Runde am Tisch, und unter Essen und Trinken, Sprechen und Lachen vergeht eine volle Frühstücksstunde.

Ein Sommer in London

Eine Blechkanne mit mäßig starker Lurke

Durch Herrn du Rieux – an den ich durch Herrn Lange (dies ist eine Notiz für Mutter Kummer u. Frau Lieutenant Maul) empfohlen war – ward ich veranlaßt, hier, in unmittelbarer Nähe der Noblesse, meine Wohnung zu nehmen. Ich bezahle wöchentlich 12 Shilling für Wohnung, 5 Shilling für Heizung (es ist hundekalt) und 16 Shilling für Kaffe (Morgens) und Thee (Abends). Macht 33 Shilling (gerade 11 Rthr) pro Woche, pro Monat also 44 Thaler. Dies ist einmal überhaupt (für einen norddeutschen Geldbeutel) kolossal, und ist in specie unverschämt für das, was geboten wird. Wenn sich die Engländer für ihre Frühstücke (d. h. Kaffe mit Imbiß) 1 Shilling bezahlen lassen, so ist das unter Umständen durchaus nicht zuviel, sondern gegentheils noch billig. Man erhält alsdann auf silbernem Kaffebrett 2 silberne Kannen, mit Kaffe und Thee gefüllt, dazu Butter, Milch, 2 Arten Weißbrot, Zucker (soviel man will) und Eier. Wer in solch Frühstück einzuhauen versteht (und es lernt sich) der sorgt gewissenhaft dafür, daß sein Wirth nicht zum reichen Manne wird. Aber von solchem Frühstück ist hier gar nicht die Rede: man kriegt eine Blechkanne mit trüber, mäßigstarker Lurke gefüllt, – fabelhaftes Zeug das den Namen ›Milch‹ usurpirt, Zucker und Weißbrot, und würde den ganzen Kram mit einem halben Shilling (5 Sgr) über den Kopf bezahlen.

An die Mutter, London, 28./29. April 1852

Frühstück mit Blindgänger

In solcher Stimmung erreichten wir die Villa des Herrn Maistle. Ein angenehmer Duft, der unverkennbar aus dem Souterrain kam, zog über den Flur. Mit der ganzen Begehrlichkeit eines ungefrühstückten Menschen traten wir in das Eßzimmer, ohne Ahnung davon, in wie eigentümlicher Weise uns der Genuß dieser Stunde getrübt werden sollte. Eh wir uns noch setzen konnten, trat nämlich der Hausmeier an uns heran, um, wie er sich ausdrückte, in einer delikaten Angelegenheit unseren Rat zu erbitten. Wir folgten unverzüglich. Es ging einen Gartensteg entlang, dann einen zweiten, bis wir an einem Teil der Einfassungsmauer standen, der gerade hier einen prächtigen, am Spalier gezogenen Aprikosenbaum zeigte. Zu Füßen ebendieses Aprikosenbaums lag eine umgestülpte Kiste, auf die der Hausmeier hinwies. Die Situation schien weiter nichts Bedrohliches zu haben. Nach meiner Meinung konnte sich unter dieser Kiste nur zweierlei befinden, entweder ein Igel oder eine Schildkröte. Ich entsann mich deutlich, in Zeiten, die nicht mehr sind, diesen vielbenachteiligten Kreaturen (weil nur auf die Defensive eingerichtet) eine ähnlich kummervolle Wohnung angewiesen zu haben. Es kam aber anders. Was da drunter lag, war so offensiv wie möglich; – der Hausmeier nahm die Kiste weg, und eine vierundzwanzigpfündige unkrepierte Granate sprach zu unseren Blikken. Gleichzeitig erging die Frage an uns, was er damit machen solle. Wie aus einem Munde riefen wir: »Zunächst zudecken, liegenlassen; das andere wird sich finden.« Wir schritten nun wieder auf das Haus zu und proponierten unterwegs, unmittelbar nach unserem Aufbruch (dies *nach* wurde sehr betont) ein unglaublich tiefes Loch zu graben und in diesem Loch die Granate zu bestatten. Dies schien auch angenommen zu werden. So setzten wir uns denn zu Tisch. Das Rührei kam, auch der Taraxacum-Salat, aber wir kauten etwas hoch, – die Seele aller Fröhlichkeit, die Unbefangenheit, war hin. Draußen am Aprikosenbaum, keine fünfzig Schritt von uns entfernt, lag die unkrepierte Riesengranate. Riesenschlange wäre nicht unbehaglicher gewesen. **E**ndlich waren wir mit unserem Dejeuner zu Ende. Wir traten in den Garten, um uns unserem freundlichen Vizewirt zu empfehlen. Alles war gut abgelaufen; da, kaum zu glauben, stand der Unglückselige wieder vor dem umgestülpten Kasten und mit ihm zwei Unteroffiziere von der Gardeartillerie. Also Leute von Fach. Aber das eben war das schlimmste. Wenn gesagt worden ist: die Kirche ist am meisten durch ihre Diener gefährdet worden, so kann man dasselbe auch von der *Granate* sagen. Die Gefahr sind und waren immer die Sachverständigen. Ihre Sachverständigkeit erstirbt in ihrer Sicherheit. Diese Tatsache war uns glücklicherweise gegenwärtig. Wir machten es also mit unserem Abschiede kurz, nahmen dann Deckung und rückten fünf Minuten später in Villemomble ein, ohne bis dahin den Knall gehört zu haben, auf den wir warteten.

Aus den Tagen der Okkupation

Wissen Sie noch, wie ich Ihnen damals das Ei brachte?

Nach dieser Seite hin hat Baron von Seld, der bekannte Temperenzapostel, die Märker am treffendsten geschildert. Dieser (Baron Seld) war einmal einen Winter lang auf einem sogenannten märkischen »Schloß« zu Besuch, und weil ihm (er hatte viel Zeit) zu Ohren kam, die Krügersfrau wolle, nächste Ostern, ihren Jungen auf die Stadtschule schicken, so bot er sich an, den Jungen dazu vorzubereiten. Er gab ihm täglich zwei Stunden, von zehn bis zwölf. Das ging so monatelang. Eines Tages trat die Krugwirtin um elf ins Zimmer und brachte Herrn von Seld ein Ei zum Frühstück. Es war so klein, daß er nicht wußte, ob es ein Hühner- oder Taubenei sei; er dankte indes und aß es. Sieben Jahre später, der Junge war schon lange wieder von der Schule herunter, begegnete Baron Seld, und zwar in Berlin in der Leipziger Straße, der Krugwirtin, die nun mit jener naiven Ungeniertheit, die ebenfalls zu den charakteristisch märkischen Zügen gehört, auf ihn zutrat und ihm ihre Patsche reichte. Fing auch sofort an zu sprechen. Wovon sie aber sprach, das war weder der Junge noch der Unterricht, den Baron Seld dem Jungen aus gutem Herzen gegeben, sondern war das Ei. »Wissen Sie wohl noch, Herr Baron, wie ich Ihnen damals das Ei brachte?«

Die Märker und die Berliner

Vom Patriotismus gefrühstückter Leute

Unter allen Umständen aber sollten wir dessen eingedenk sein, daß es für gefrühstückte Leute leicht ist, über Hunger zu plaudern, und daß diejenigen, deren Patriotismus eben von einer guten Mahlzeit kommt, nicht allzu hart urtheilen sollten über diejenigen, deren Vaterlandsgefühl durch bittere Tage der Entbehrung gegangen ist.

Reisebriefe vom Kriegsschauplatz Böhmen 1866

Milch oder Kaffee – Leopold Treibel in Treptow

Gegen halb acht war er draußen, und einen halbwachsenen Jungen mit nur einem Arm und dem entsprechenden losen Ärmel (den er beständig in der Luft schwenkte) heranwinkend, stieg er jetzt ab und sagte, während er dem Einarmigen die Zügel gab: »Führ es unter die Linde, Fritz. Die Morgensonne sticht hier so.« Der Junge tat auch, wie ihm geheißen, und Leopold seinerseits ging nun an einem von Liguster überwachsenen Staketenzaun auf den Eingang des Treptower Etablissements zu. Gott sei Dank, hier war alles wie gewünscht, sämtliche Tische leer, die Stühle umgekippt und auch von Kellnern niemand da als sein Freund Mützell, ein auf sich haltender Mann von Mitte der Vierzig, der schon in den Vormittagsstunden einen beinahe fleckenlosen Frack trug und die Trinkgelderfrage mit einer erstaunlichen, übrigens von Leopold (der immer sehr splendid war) nie herausgeforderten Gentilezza behandelte. »Sehen Sie, Herr Treibel«, so waren, als das Gespräch einmal in dieser Richtung lief, seine Worte gewesen, »die meisten wollen nicht recht und streiten einem auch noch was ab, besonders die Damens, aber viele sind auch wieder gut und manche sogar sehr gut und wissen, daß man von einer Zigarre nicht leben kann und die Frau zu Hause mit ihren drei Kindern erst recht nicht. Und sehen Sie, Herr Treibel, die geben, und besonders die kleinen Leute. Da war erst gestern wieder einer hier, der schob mir aus Versehen ein Fünfzigpfennigstück zu, weil er's für einen Zehner hielt, und als ich's ihm sagte, nahm er's nicht wieder und sagte bloß: ›Das hat so sein sollen, Freund und Kupferstecher; mitunter fällt Ostern und Pfingsten auf einen Dag.‹« **D**as war vor Wochen gewesen, daß Mützell so zu Leopold Treibel gesprochen hatte. Beide standen überhaupt auf einem Plauderfuß, was aber für Leopold noch angenehmer als diese Plauderei war, war, daß er über Dinge, die sich von selbst verstanden, gar nicht erst zu sprechen brauchte. Mützell, wenn er den jungen Treibel in das Lokal eintreten und über den frischgeharkten Kies hin auf seinen Platz in unmittelbarer Nähe des Wassers zuschreiten sah, salutierte bloß von fern und zog sich dann ohne weiteres in die Küche zurück, von der aus er nach drei Minuten mit einem Tablett, auf dem eine Tasse Kaffee mit ein paar englischen Biskuits und ein großes Glas Milch stand, wieder unter den Frontbäumen erschien. Das große Glas Milch war Hauptsache, denn Sanitätsrat Lohmeyer hatte noch nach der letzten Auskultation zur Kommerzienrätin gesagt: »Meine gnädigste Frau, noch hat es nichts zu bedeuten, aber man muß vorbeugen, dazu sind wir da; im übrigen ist unser Wissen Stückwerk. Also wenn ich bitten darf, sowenig Kaffee wie möglich und jeden Morgen ein Liter Milch.« **A**uch heute hatte bei Leopolds Erscheinen die sich täglich wiederholende Begegnungsszene gespielt: Mützell war auf die Küche zu verschwunden und tauchte jetzt in Front des Hauses wieder auf, das Tablett auf den fünf Fingerspitzen seiner linken Hand mit beinahe zirkushafter Virtuosität balancierend. »**G**uten Morgen, Herr Treibel. Schöner Morgen heute morgen.« »**J**a, lieber Mützell. Sehr schön. Aber ein bißchen frisch. Besonders hier am Wasser. Mich schuddert ordentlich, und ich bin schon auf und ab gegangen. Lassen Sie sehen, Mützell, ob der Kaffee warm ist.« **U**nd ehe der so freundlich Angesprochene das Tablett auf den Tisch setzen konnte, hatte Leopold die kleine Tasse schon herabgenommen und sie mit einem Zuge geleert. »**A**h, brillant. Das tut einem alten Menschen wohl. Und nun will ich die Milch trinken, Mützell; aber mit Andacht. Und wenn ich damit fertig bin – die Milch ist immer ein bißchen labbrig, was aber kein Tadel sein soll, gute Milch muß eigentlich immer ein bißchen labbrig sein –, wenn ich damit fertig bin, bitt ich noch um eine ...« »**K**affee?« »**F**reilich, Mützell.« »**J**a, Herr Treibel ...« »**N**un, was ist? Sie machen ja ein ganz verlegenes Gesicht, Mützell, als ob ich was ganz

Besonderes gesagt hätte.« »Ja, Herr Treibel ...« »Nun, zum Donnerwetter, was ist denn los?« »Ja, Herr Treibel, als die Frau Mama vorgestern hier waren und der Herr Kommerzienrat auch, und auch das Gesellschaftsfräulein, und Sie, Herr Leopold, eben nach dem Sperl und dem Carrousel gegangen waren, da hat mir die Frau Mama gesagt: ›Hören Sie, Mützell, ich weiß, er kommt beinahe jeden Morgen, und ich mache Sie verantwortlich ... *eine* Tasse; nie mehr ..., Sanitätsrat Lohmeyer, der ja auch mal Ihre Frau behandelt hat, hat es mir im Vertrauen, aber doch mit allem Ernste gesagt: *zwei* sind Gift ...‹« »So ... Und hat meine Mama vielleicht noch mehr gesagt?« »Die Frau Kommerzienrätin sagten auch noch: ›Ihr Schade soll es nicht sein, Mützell ... Ich kann nicht sagen, daß mein Sohn ein passionierter Mensch ist, er ist ein guter Mensch, ein lieber Mensch ...‹, Sie verzeihen, Herr Treibel, daß ich Ihnen das alles, was Ihre Frau Mama gesagt hat, hier so ganz simplement wiederhole, ›... aber er hat die Kaffeepassion. Und das ist immer das Schlimme, daß die Menschen grade *die* Passion haben, die sie nicht haben sollen. Also, Mützell, eine Tasse mag gehen, aber nicht zwei.‹« Leopold hatte mit sehr geteilten Empfindungen zugehört und nicht gewußt, ob er lachen oder verdrießlich werden solle. »Nun, Mützell, dann also lassen wir's; keine zweite.« Und damit nahm er seinen Platz wieder ein, während sich Mützell in seine Wartestellung an der Hausecke zurückzog. »Da hab ich nun mein Leben auf einen Schlag«, sagte Leopold, als er wieder allein war. »Ich habe mal von einem gehört, der bei Josty, weil er so gewettet hatte, zwölf Tassen Kaffee hintereinander trank und dann tot umfiel. Aber was beweist das? Wenn ich zwölf Käsestullen esse, fall ich auch tot um; alles Verzwölffachte tötet einen Menschen. Aber welcher vernünftige Mensch verzwölffacht auch sein Speis und Trank. Von jedem vernünftigen Menschen muß man annehmen, daß er Unsinnigkeiten unterlassen und seine Gesundheit befragen und seinen Körper nicht zerstören wird. Wenigstens für mich kann ich einstehen. Und die gute Mama sollte wissen, daß ich dieser Kontrolle nicht bedarf, und sollte mir diesen meinen Freund Mützell nicht so naiv zum Hüter bestellen. Aber sie muß immer die Fäden in der Hand haben, sie muß alles bestimmen, alles anordnen, und wenn ich eine baumwollene Jacke will, so muß es eine wollene sein.«

Frau Jenny Treibel

»Ein Nachmittag in Halensee« klingt fast so poetisch wie »vier Wochen auf Capri«

Sommerfrische und Landpartie

»Eierhäuschen« hat für eine Abendpartie etwas Anheimelndes und ich sehe am Wasser hin weißgedeckte Tische stehn, auf denen das Schnittlauch-Rührei lacht.

An Tochter Mete, 11. Juli 1884

Berliner Landpartie

Ein Vergnügen eigner Art
Ist doch eine Wasserfahrt,
Und ein Vergnügen (frage nicht wie)
Ist eine Berliner Landpartie.
Vorortszug mit einem Bremser,
Droschke, Dampfschiff oder Kremser,
Fahnen, rote, blaue, gelbe,
Das Vergnügen ist dasselbe,
Welches Bild schon unterweges,
Welche Fülle goldnen Seges,
Goldner Sand in weitem Kreise,
Bahndamm, Schienen und Geleise,
Pfiff, Geklingel, Klapptrompete,
Lange, lange Spargelbeete,

Nicht mehr Köpfe, nicht mehr Sprossen,
Längst in Samen aufgeschossen,
Staub und Qualm und Hochstrom ah,
Ah nun kommt's, nun sind wir da.
Lange Reihen Tische, Tische,
Neu gestrichen, welche Frische,
Freilich etwas terpentinen,
Aber dafür welche Mienen,
Alles atmet tiefen Frieden,
Und zu stören diesen Frieden
Ist dem Platz hier heut beschieden.
Kaffee! Kellner, drei Portionen,
O wie lieblich hier zu wohnen,
O wie weht die Luft hier freier,
Und der Teich da und der Weiher
Und das liebe Schwanenhaus,
Enten fahren ein und aus,
Still die Kegelkugeln liegen,
Dicht sich aneinander schmiegen,
Und das Sandfeld, daß sich's verjüngt,
Eben wird es stark gedüngt,
Und der Luftzug drüber, drüber
Trägt die Luft zu uns herüber.
Und nun kommt der Kellner Töffel,
Dicke Tassen, Nickel-Löffel,
Einige dünn und vorwurfsfrei,
Andre noch mit etwas Ei.
Drei Stück Zucker pro Person,
Und der Deckel klappert schon.
Mokka, Java sind Nationen,

Die weit auf dem Monde wohnen,
Mutter, rechnet, die zu sparen liebt,
Ob es was zu retten gibt.
Laura möchte Wasserfahren,
Doch mit aufgelösten Haaren,
Hedwig mit den dünnen Ärmen,
Hedwig möcht im Walde schwärmen,
Hugo will den Wald genießen,
Hermann nach der Scheibe schießen,
Mutters Lippe zieht sich schief,
Ach sie kennt den Schlußtarif,
Vater hat ein Herz genommen,
Läßt sich einen Cognac kommen,
Vater winkt den Kellner her,
Zahlt ihm 15 Pfennig mehr,
Ein' Moment, wo Mutter nicht aufgepaßt,
Hat er glücklich erpaßt.
Unter Gähnen, Mückenmorden
Ist es endlich sieben geworden,
Mutter macht sich schon bereit,
Mann, ich denk, es ist nu Zeit,
Möchte gern noch länger bleiben,
Doch man muß nicht übertreiben,
Wenn am höchsten der Genuß,
Allemal man schließen muß,
Darin bin ich großgezogen
Und es hat mich nie betrogen.
Alle haben Rückfahrtskarten,
Alle müssen deshalb warten,
9 Uhr geht der nächste Zug,

9 Uhr ist auch früh genug,
9 1/2, da landen sie, –
War Berliner Landpartie.

Kein Mensch ahnt, daß man in der *Mark* solche Fahrten machen kann

Ich reiste am Freitagabend um acht hier ab und war um vier Uhr morgens in Teupitz, schlief drei Stunden in einem Bett, in dem *wenigstens* schon einer geschlafen hatte, fuhr dann über den schönen See, besuchte Schloß und Kirche, zuletzt einen Berg, von dem aus man die ganze Herrschaft Teupitz mit ihren Bergen und Seen überblickt, fuhr um zweieinhalb wieder ab und war um neuneinhalb schon wieder in Berlin. Trifft sich's so, daß man die Posten benutzen kann, so spart man viel Zeit und Geld. Die Fahrt war sehr angenehm, und da man auch, wenn man für zwanzig oder fünfundzwanzig Personen ein Dampfschiff (das Köpnicker) mietet, zu *Wasser* nach Teupitz fahren kann, so hat die Merckel den lebhaften Wunsch geäußert, daß wir, bald nach Deiner Rückkehr, eine solche Fahrt machen. Es geht an Stralow, Köpenick, Müggelsbergen, Königs Wusterhausen etc. [vorbei] immer fast auf breiten Seen, Berge rechts und links, so daß es wirklich sehr schön sein muß. Kein Mensch ahnt, daß man in der *Mark* solche Fahrten machen kann, die wahrscheinlich mit den Fahrten auf dem Loch Ness und Loch Lochy (der sogenannte Kaledonische Kanal von Inverneß aus) die größte Ähnlichkeit haben. Die Fahrt wird ohngefähr sechs Stunden dauern, von sechs bis zwölf; von zwölf bis vier in Teupitz, von vier bis zehn wieder zurück. Wein, pie [Pastete] und tarts [Torten] muß man mitnehmen und in Teupitz nur Zander essen, der dort sehr schön ist.

An Frau Emilie, Berlin, 23. Juni 1862

Verproviantierung des Seglers »Sphinx«

Ich schlenderte noch den Kiesweg auf und ab, als ich meine Reisegefährten von der Schloßbrücke her zurückkommen sah. Es folgten ihnen drei Paar Träger mit großen Deckelkörben, die den angekündigten Proviant herantrugen. Die Körbe über den schmalen Steg hin direkt an Bord zu schaffen war unmöglich; ihr Inhalt mußte also vom Ufer aus in Einzelstücken herübergereicht werden, etwa wie sich Bauarbeiter die Steine zureichen. Dies gab mir Gelegenheit, die Verproviantierung der »Sphinx« im Detail kennenzulernen. Der Eindruck, den ich davon empfing, war ein gemischter, denn alles Tröstliche, was er mit sich brachte, wurde durch ebensoviel Beängstigendes balanciert. Durch welche Gegenden mußten wir kommen, um zu solchen Vorsichtsmaßregeln gezwungen zu sein! Es wurden eingeschifft: 120 Flaschen Tivolibier, 120 Flaschen Sodawasser, 30 Flaschen Bordeaux, 3 Filets, 2 Schock Eier, 1 Butterfaß, 1 Zuckerhut, 1 Baumkuchen, 6 Flaschen Scharlachberger und 1 Dutzend Flaschen Champagner. Mehr noch als diese durch Zahl oder Gewicht bemerkenswerten Quantitäten imponierte mir die Liste der »Kleinigkeiten«; sie füllte einen halben Bogen und wies über hundert Nummern auf. Ich zitiere daraus nur folgendes: eine Muskatnuß, ein kleines Reibeisen dazu, Salveiblätter, um Aal, und Dilldolden, um Schlei zu kochen. Alle diese Dinge, groß oder klein, verschwanden ohne Schwierigkeit in dem Rumpf des Schiffes; die Butter, das Fleisch erhielten ihren Platz auf großen Eisblöcken, und eh eine halbe Stunde um war, war auch die letzte Flasche »gestaut«.

Spreeland

Nach dem »Eierhäuschen«

Unsere Landpartieler waren im Angesicht von Spindlersfelde nach dem »Eierhäuschen« zurückgekehrt und hatten sich hier an zwei dicht am Ufer zusammengerückten Tischen niedergelassen, eine Laube von Baumkronen über sich. Sperlinge hüpften umher und warteten auf ihre Zeit. Gleich danach erschien auch ein Kellner, um die Bestellungen entgegenzunehmen. Es entstand dabei die herkömmliche Verlegenheitspause; niemand wußte was zu sagen, bis die Baronin auf den Stamm einer ihr gegenüberstehenden Ulme wies, drauf »Wiener Würstel« und daneben in noch dickeren Buchstaben das gefällige Wort »Löwenbräu« stand. In kürzester Frist erschien denn auch der Kellner wieder, und die Baronin hob ihr Seidel und ließ das »Eierhäuschen« und die Spree leben, zugleich versichernd, »daß man ein echtes Münchener überhaupt nur noch in Berlin tränke«. Der alte Berchtesgaden wollte jedoch nichts davon wissen und drang in seine Frau, lieber mehr nach links zu rücken, um den Sonnenuntergang besser beobachten zu können; »der sei freilich in Berlin ebensogut wie woanders«. Die Baronin hielt aber aus und rührte sich nicht. »Was Sonnenuntergang! den seh ich jeden Abend. Ich sitze hier sehr gut und freue mich schon auf die Lichter.« **U**nd nicht lange mehr, so waren diese Lichter auch wirklich da. Nicht nur das ganze Lokal erhellte sich, sondern auch auf dem drüben am andern Ufer sich hinziehenden Eisenbahndamme zeigten sich allmählich die verschiedenfarbigen Signale, während mitten auf der Spree, wo Schleppdampfer die Kähne zogen, ein verblaktes Rot aus den Kajütenfenstern hervorglühte. Dabei wurde es kühl, und die Damen wickelten sich in ihre Plaids und Mäntel. **A**uch die Herren fröstelten ein wenig, und so trat denn der ersichtlich etwas planende Woldemar nach kurzem Aufundabschreiten an das in der Nähe befindliche Büfett heran, um da zur Herstellung einer besseren Innentemperatur das Nötige zu veranlassen. Und siehe da, nicht lange mehr, so stand auch schon ein großes Tablett mit Gläsern und Flaschen vor ihnen und dazwischen ein Deckelkrug, aus dem, als man den Dekkel aufklappte, der heiße Wrasen emporschlug. Die Baronin, in solchen Dingen die scharfblickendste, war sofort orientiert und sagte: »Lieber Stechlin, ich beglückwünsche Sie. Das war eine große Idee.« »Ja, meine Damen, ich glaubte, daß etwas geschehen müsse, sonst haben wir morgen samt und sonders einen akuten Rheumatismus. Und zurück müssen wir doch auch. Auf dem Schiffe, wo solche Hilfsmittel, glaub ich, fehlen, sind wir allen Unbilden der Elemente preisgegeben.« »**U**nd Sie konnten wirklich nicht besser wählen«, unterbrach Melusine. »Schwedischer Punsch, für den ich ein liking habe. Wie für Schweden überhaupt. Da Doktor Wrschowitz nicht da ist, können wir uns ungestraft einem gewissen Maß von Skandinavismus überlassen.« »**A**m liebsten ohne alles Maß«, sagte Woldemar, »*so* skandinavisch bin ich. Ich ziehe die Skandinaven den sonst ›Meistbegünstigten‹ unter den Nationen immer noch vor. Alle Länder erweitern übrigens ihre Spezialgebiete. Früher hatte Schweden nur zweierlei: Mut und Eisen, von denen man sagen muß, daß sie gut zusammenpassen. Dann kamen die ›Säkerhets Tändstickors‹, und nun haben wir den schwedischen Punsch, den ich in diesem Augenblick unbedingt am höchsten stelle. Ihr Wohl, meine Damen.«

Der Stechlin

Tagespartie im Riesengebirge

Mama fährt fort sich zu erholen. Gestern machten wir von 11 bis 8 eine Tagespartie, neun Stunden unterwegs, von denen gut die Hälfte marschirt wurde. Eine ganz anständige Leistung. Wir waren auf der Anna-Kapelle und feierten den Tag durch Weinsuppe, Forellen und Eierkuchen. Aber nur halbe Portionen, ein Vorschlag der weder von mir noch von Mama ausging. Ich bin nicht für halbe Portionen und wurde gestern in meiner Abneigung dagegen neu bestärkt, denn nur mit Mühe setzten wir für unsre 2 Portionen 4 Teller, 4 Löffel und 4 Messer und Gabel durch. Gott, was ist Anstand! Und wer ist anständig! Der Sparsame, der von vornherein darauf verzichtet, ist eigentlich der klügere, denn der sogenannte ›Splendide‹ zwingt es *auch* nicht und läßt ebenfalls unbefriedigt.

An Tochter Mete,
Krummhübel, 27. August 1884

... daß man von dem Jammerzeug nicht leben kann

Und nun Rügen mit Göhren oder Binz! Ich hätte nichts dagegen, aber Mama macht sich nichts draus und ich kann ihr – wenn auch aus andern Gründen als den für sie bestimmenden – nur Recht geben. Ich finde mehr und mehr, daß das Selbstwirthschaftführen die einzige Form ist, wie man die Sache aushalten kann. Nur also wenn wir Anna mitnähmen, ließe sich von Rügen reden. Das Hôtel- u. Restaurationsessen ist unerträglich; entweder ist es so schofel, daß man von dem Jammerzeug nicht leben kann oder wenn man leidlich verpflegt wird, kommt man um vor prätensiöser Oede und Langeweile. Daß man angenehme Menschen findet, ist wie das große Loos, man kann nicht darauf rechnen, Regel ist daß man aus den unangenehmsten Empfindungen gar nicht herauskommt. Heute aßen wir bei ›Braun‹, wo man uns gesagt hatte, daß es herrlich sei. Eine furchtbare Suppe; dann warten wir eine halbe Stunde auf den Fisch der kommen soll, er kommt aber nicht; Kellner laufen schweißtriefend auf und ab und sagen in einem fort ›Pardon‹ so daß thatsächlich die Luft davon schwirrt, hart in unsrem Rücken sitzt eine Judenfamilie und der Vater sagt beständig: ›Alice setze Dich; ›Fräulein‹ wird gleich kommen; ich weiß nicht wo ›Fräulein‹ bleibt; ›Fräulein‹ wird wohl noch in die Leihbibliothek gegangen sein; beruhige Dich Alice ›Fräulein‹ wird schon kommen.‹ Nichts zu essen, empört über die ganze Wirthschaft und um mich her nichts wie das ›Pardon‹ der Kellner und das ›Fräulein‹ des eitlen Juden (er brüstete sich mit der Existenz eines ›Fräuleins‹) – so verging qualvoll die Zeit, immer noch kein Fisch und wüthend schmiß ich ein 5 Markstück auf den Tisch und ging weg und werde dies berühmte Lokal nicht wiedersehn. Das alles war an einem kleinen ›Einzeltisch‹, sitzt man an einer langen Tafel, so ist es noch gräßlicher.

An Tochter Mete,
Kissingen, 25. Juni 1891

Was sind Storm und Heyse neben Mannl!

Unser Tag verläuft wie folgt: um 6½ auf, um 7½ an den Theresienbrunnen (der besser für Mama zu passen scheint als Markt- und Schloßbrunnen), von 7½ bis 9 Spaziergang bis zum ›Posthof‹, des Tepelthal hinauf, und auf dem Heimwege Gebäckeinkauf bei Domenico

Mannl, Schweizer-Bäcker, von dessen ›Weltruhm‹ die Karlsbader mit Stolz sprechen. Und mit Recht. Was sind Storm oder Heyse neben Mannl! Der ist ein *andres* Mannl. Von 9 bis 9½ Frühstück. Dann schläft sich Mama viertelstundenweis durch den Vormittag durch, während ich Brugsch oder Pietsch der Arne Garborgs Schilderungen aus ›Kolbotten‹ lese. Dann Toilette, d. h. bei Mama, das alte Spitzenkleid wird angezogen, bei mir ein neuer Hemdkragen wird umgebunden. Handschuhzwang für die Männerwelt existirt nicht. Dann folgt das Diner: halbes Rebhuhn, hinterher eine Mehlspeise und ein Glas Pilsener. Von 2 bis 4 Stillsitzen in unsrer Wohnung und Erörterung der lieben alten Fragen: ›wird es schwül bleiben oder wird es regnen, oder wird ein Gewitter kommen oder wird es blos wetterleuchten?‹ Nach endlicher Feststellung, daß das eine so gut möglich sei, wie das andre, geht es um 4 zu Pupp, um Kaffe bez. Milch oder auch blos Gieshübler zu trinken. Die Kellnerinnen kokettieren (freilich nicht mit mir), die Oblatenmädchen, Bälge von 10 oder 12 Jahren, überbieten noch die Kellnerinnen und von fern her, oder auch im Lokal selbst, hört man Musik. Denn ohne diese geht es hier nicht. Die Session bei Pupp dauert bis 6. Dann wieder Spaziergang bis zum ›Posthof‹, auf dem Heimwege Schinkeneinkauf bei ›Friedel‹ (unsrem wünschte ich *dies* Geschäft, eine wahre Goldgrube), gegen 8 Abendbrod und um 9 in die Klappe. Bisher ging das alles ganz leidlich, aber das Vergnügen ebbt doch schon und ich sehe den Tag sehr nahe, wo der ›Posthof‹ wo Mannl und wo selbst Pupp ihre Zauber verloren haben werden. ›Unter Larven die einzig fühlende Brust‹, – selbst von diesem Minimalsatz ist hier nicht zu sprechen, denn auch diese *eine* Brust fehlt. Worin sich übrigens eine Ironie des Schicksals ausspricht, denn wenn es andrerseits etwas giebt, das hier massenhaft auftritt, so ist es Brust als solche. Schon nicht mehr schön!

An Tochter Mete,
Karlsbad, 21. August 1893

Mehr Bäcker und weniger Stadtverordneter

Ich stieg nun in meine Wohnung hinauf, die sich vernobelt hat, und begann auszupacken. Um 1 aß ich; Frau K. hatte gekocht. Aber es ist mir doch zu schlecht und so werd ich von Morgen ab mal hier mal dort einfallen und sehen was die Küche giebt. Viel erwart' ich nicht; die Kochkunst blüht nicht in diesen Gegenden und das Fleisch ist schlecht wie in allen kleinen Städten. Nichts ist falscher als die Vorstellung der Gutsbesitzer, man könne sich bei ihnen ein Ränzlein anmästen; im Gegentheil, man fällt ab und kommt von Kräften. Dafür hab ich mich aber bereits an Erdbeeren für 15 Pf. delektirt und an zwei Semmeln für 8 Pf., wogegen die ganze Thier'sche Herrlichkeit versinkt. Wenn letztrer mehr Bäcker und weniger Stadtverordneter wäre, gewönne unsre ganze Gegend.

An Frau Emilie,
Wernigerode, 5. August 1880

Semmelmüder Zustand

Zu meinem Thee hab ich eben für 7½ Sgr. Kuchen gegessen, was ungeheurlich klingt, aber noch lange nicht so viel war wie eine halbe Zweigroschenbretzel; in einem semmelmüden Zustand (sick of it) mußt' ich eine solche Veränderung eintreten lassen, und fühle mich auch wohl danach. Die Verpflegungsverhältnisse sind hier sehr merkwürdig; mein Hauptnahrungsmittel ist ›Gerstensuppe‹, ein nationales Gericht, unsrer Graupensuppe aus Hammelfleisch sehr ähnlich, aber noch kräftiger.

An Frau Emilie,
Norderney, 12. August 1882

Ich lebe hier buchstäblich von der Luft

Seit heute früh ist schönes Wetter, und mit dem Wetter hat sich auch mein Befinden geändert. Bleibt es so, so hoff ich über den Berg zu sein. Auch in den Eß- und Verpflegungsfragen, fang' ich an mich zu orientiren; mit der Table d'hôte-Wirthschaft kann ich mich nun 'mal nicht befreunden, es ist im höchsten Maße langweilig, theuer und ungesund. Seit gestern lass' ich deshalb ein Frühstück oder ein Vesper an die Stelle des Mittagstisches treten; ich trinke eine Tasse Bouillon, dann kalten Braten (wodurch ich der gräßlichen Sauce entgehe) mit Brot, Butter und Wein, und dann eine Tasse Kaffe oder Thee. Dabei kann ich bestehn. Einmal des Tages brauch ich nur zu essen; ich lebe hier buchstäblich von der Luft.

An Frau Emilie,
Norderney, 9. August 1882

Mahlzeit mit Schatten

Um drei Uhr waren wir wieder in Gitschin, erfrischten uns an der Kühle unseres Zimmers und stiegen dann treppab in den Speisesalon. Mit der Bemerkung: »daß Gitschin zeigen möge, was es könne«, hatten wir uns von der in Küchendämpfen pythisch dastehenden Wirthin getrennt, nun war der Moment da, wo sichs zeigen sollte, ob sie ihrer Zusage und unserer Hoffnung gleichmäßig Wort gehalten habe. Die Vorbereitungen ließen sich gut an: das Tischzeug war sauber, der Kellner (unser schwarzlockiger Freund) glatt gebürstet und von strafferer Haltung, die Fenster offen und der Nachmittags-Sonnenschein draußen auf dem Platz. Mitunter lief ein Schatten über den sonnigen Platz hin und schwand wieder, wie wenn Pappeln im Winde schwanken; dann und wann klang hoch aus der Luft jener eigenthümliche Ton (halb Gekreisch, halb Gezwitscher), mit dem sich Schwalben im Vorüberfliegen begrüßen; dann wieder Alles still. Die Suppe rief uns endlich zu realeren Genüssen. Sie war vortrefflich. In kurzen Pausen folgten ein Salat, ein Fisch; der Oberungar lag voll auf der Zunge; – da fuhr wieder der lange Schatten über den Platz. Diesmal schwand er nicht, er schwankte hin und her, aber er blieb, und ehe wir noch Zeit hatten, nachzusinnen, zogen wieder, wie am Vormittag, mit Chorknaben und Weihrauchfaß und mit voraufgetragenem Kreuz, zwei Särge dicht an unserem Fenster vorüber. Eine Pause entstand. Als der Zug vorüber war, winkten wir den Kellner heran. »Wieviel Gänge sind noch?« Drei. »Lassen Sie wenigsten zwei ausfallen.« Stumm verzehrten wir unsere Mehlspeise; erst beim Cognac-Kaffee sahen wir uns wieder scharf an.

Reisebriefe vom Kriegsschauplatz Böhmen 1866

Nichts entlehnt und nichts geborgt, Für Großes und Kleines ringsum gesorgt

Mittägliches in Berlin, der Mark und andernorts

Ich hasse, wenn einem eine gebratene Taube ins Maul fliegt, beim Schicksal auch noch auf Kompott zu bestehen.

Land Gosen

Oft hör ich: »Unsre gute Stadt
Augenscheinlich eine Verheißung hat,
Der Himmel, der uns so hegt und pflegt,
Hat uns alles wie vor die Türe gelegt.«

Ja, ja, wir haben es leicht und bequem:
Im Brieselang Eichen, in Glindow Lehm,
In Rauen Kohlen, in Linum Torf,
Kalkgeschiebe bei Rüdersdorf,
Im Grunewald Schwarzwild, Hirsch und Reh,
Spargel en masse bei Halensee,
Dill und Morcheln und Teltower Rüben,
Oderkrebse hüben und drüben,
Auf dem Hohen Barnim Fetthammel-Herden
(Werden mit nächstem Southdowns werden),
Königshorster Butter, in Sperenberg Salz,

Im Warthebruch Gerste, Graupen und Malz,
In Kienbaum Honig, im Havelland Milch,
In Luckenwalde Tuch und Drillch,
Bei den Werderschen Kirschen und Aprikosen
Und bei Potsdam ganze Felder von Rosen.
Nichts entlehnt und nichts geborgt,
Für Großes und Kleines ringsum gesorgt,
Und gesorgt vor allem auch (und nicht schlecht)
Schon für unser kommendes Geschlecht, –
Des sind uns Gewähr unsre lieben, strammen
Und fast unmöglichen Spreewaldsammen.

Ein wahres Eldorado für Feinschmecker

Von Lübben bis Lübbenau ist noch eine gute Meile. Der Weg führt am Rande des Spreewalds hin, der zur Linken wie eine weite üppige Wiese sich dehnt, dicht mit Heuschobern und hier und da mit Erlengebüsch bestanden. Den Lübbenauer Kirchturm glauben wir dicht vor uns zu haben, aber er spielt Verstecken mit uns, und immer, wenn wir ihm am nächsten sind, verbirgt er sich wieder, um scheinbar eine halbe Meile seitwärts wieder zum Vorschein zu kommen. Aber nun haben wir ihn wirklich und fahren durch den hochgewölbten Torweg eines Hauses, das nebenbei die Dienste eines Stadttors verrichtet, in Lübbenau hinein. Es ist Sonntag und die Stadt noch stiller als gewöhnlich. Trotzdem ist sie eine Hauptstadt, die unbestrittene Spreewaldresidenz, am Südrande desselben gelegen. An

Erscheinung bleibt sie hinter Lübben zurück; die Jäger fehlen ganz, und der Oleander tritt nur sporadisch auf. Es ist eine Garten- und Gärtnerstadt, ähnlich wie *Erfurt* oder *Bamberg*, bei deren Nennung nur dem Politiker sich Kongresse und Konferenzen aufdrängen, während das stille Bild der Backpflaume vor die Phantasie des gewöhnlichen Sterblichen tritt. Bei Lübbenau findet keine itio in partes statt, und die Gedanken von hoch und niedrig nehmen dieselbe Richtung. Die Produkte des Spreewaldes haben hier ihren ersten Markt und Stapelplatz und gehen von hier aus in die Welt. In einer Zeit, die diesem dankenswerten Produkt ihren Namen verdankt, ist es vielleicht angebracht, daran zu erinnern, daß Lübbenau das Vaterland der *sauren Gurken* ist. Die Gurkenzucht blüht im Spreewald, und mehrere Händler und Kaufleute leben von dem An- und Verkauf eines Artikels, den man ohne Frage mit zu den Attributen Berlins oder der Spreegöttin zählen kann. Im vorigen Jahre verkaufte ein einziger Händler 800 Schock pro Woche. Das würde nichts sagen in Hamburg oder Liverpool, wo man gewohnt ist, nach Schiffsladungen zu rechnen, aber »jeder fahrt nach seiner Art«, und »jede Stelle hat ihre Elle«. Dies erwogen, sind die 800 Schock aller Ehren wert. Aber Lübbenau verweilt nicht einseitig bei dem Verkauf eines Artikels, der am Ende den Spott herausfordern könnte; *Kürbis* kommt hinzu, über dessen allgemeine Verdienstlichkeit die Meinungen freilich geteilt sind, dann aber Meerrettich und vor allem *Sellerie*, über dessen Reiz und Vorzüge nicht leicht zwei Ansichten auseinandergehen. Die

Gelegenheit erscheint mir günstig, überhaupt die Bemerkung zu machen, daß unsere verschrieene Mark ein wahres Eldorado für Feinschmecker ist. Ich verweile nicht bei der mehligen, geplatzten Kartoffel, die in der ganzen Welt nur einmal in ihrer Vollendung vorkommt – das ist auf den Sandbergen der Mark; ich will nicht ein überhebliches Lächeln durch die bloße Nennung eines so trivialen Namens hervorgerufen haben; aber da gibt es viel andere Dinge noch: die Morchel, die Teltower Rübe, die Sellerie. Goethe, der so wenig von den Musen und Grazien in der Mark hielt, war über den Wert der Teltower Rübe mit Pastor Schmidt in Werneuchen durchaus einverstanden.

In den Spreewald

Fontanes Wochen-Speisepläne

Hammel- und Schweinefleisch-Sphäre.

1. Weißkohl mit Kümmel und Kartoffeln zusammengekocht. Auch gleich Hammelrippen hinein.

2. Spanische Zwiebeln (selten) mit Kartoffeln und Hammelrippen.

3. Reis (in irgend einer Gestalt) mit Hammelcoteletts oder Schweinecarbonaden.

4. Weiße Rüben mit geschälten Kartoffeln und Schweinecarbonaden oder Entenklein und gebrat. Enten-Leber.

5. Birnen und Klöße mit Schweinecarbonaden.

6. Bohnen (verschiedenartig) mit Kartoffeln und Hammelfleisch.

7. Spargel, Schoten, Carotten mit Hammelniere oder gekauftem Schinken

Nachtisch: Apfelkuchen, Pflaumen-, Kirsch- Besingkuchen, Baisers, Pfannkuchen, Windbeutel, Schlagsahne und Pumpernickel, engl. Tarts. Rolipoli.

Braten: Roastbeef, Roastbeefscheiben, dazu Broccoli und Quetschkartoffeln.
Hase, Reh (oder gar Hirsch) Fasan, Gans, Ente, Huhn – alles sehr selten. Rebhuhn und Krammetsvogel [?]
Rindfleisch mit Sauce und Brot oder Quetschkartoffeln incl. Gurke, Sellerie und Rothen Rüben bleiben die Hauptsache.

Rindfleisch Sphäre

1. Kartoffelsuppe.
   Rindfleisch und Meerrettig.

2. Linsensuppe.
   Rindfleisch und Kapernsauce.
   Bratkartoffeln.

3. Wirsing- oder Weißkohlsuppe.
   Rindfleisch mit pickle-Sauce.
   Bratkartoffeln.

4. Erbsen- oder Bohnensuppe.
Rindfleisch mi[t] Gurkensauce.

5. Kerbelsuppe.
Rindfleisch mit Mostrichsauce.

6. Bouillon mit einem Ei.

7. Karotten und Kartoffeln zusammengekocht.
Rindfleisch mit Zwiebel- und Kümmelsauce.

Geschälte Kartoffeln. Bratkartoffeln, geschnitten oder ganz. Quetschkartoffeln. Grüne Kartoffeln. Saure Kartoffeln. Apfelreis. Rosinen-Reis. Reis mit Maccaroni. Saure Gurken. Dillgurken. Pfeffergurken. Rothe Rüben. Selleriesalat.

Weisserübensuppe

»Rindfleisch schlage, stampfe, klopfe,
Brüh es ab im irdnen Topfe,
Spargelschnitzel, Portulacke
Nimm aus sauberm Sommersacke,

Morcheln, eine ganze Sippe,
Ziehe von der Fensterstrippe,
Petersilie, Kohl vom Wirsich,
Sellerie (den ›Bowlenpfirsich‹),

Gelbe Möhren, große, runde,
Laß sie kochen eine Stunde,

Laß sie kochen, bis die Trübe
Klar sich schäumt, – dann *Rübe, Rübe,*
Weiße Rübe schnell hinein,
Und so wird's gelungen sein.«

(Macbeth, Koch)

Angehöriger eines höheren Kulturvolkes?

In dem »Szekler Landtag«, einem ziemlich berühmten Gedicht von Chamisso, ist der Refrain: »Es regnet, regnet immer noch.« Darin hat er, große Situationen, nach Dichter- und Prophetenart, ein für allemal kennzeichnend, auch die meinige getroffen. Es regnet, regnet immer noch. Am Freitag Regen mit Pauke, heute Regen mit Regen. Den Alpaca-Schirm hab ich bereits gesegnet, als ich heute mittag bei Gentz und der »Freundin« meine Besuche machte und natürlich keinen zu Hause traf. Ich ging dann zu Rüdiger oder seinem Nachfolger und speiste mit dem Wirt selber, zwei Mann hoch. Brühsuppe, Schnittbohnen und Hering, und Kalbsbraten. Es hatte einen Wert von 5 Sgr., kostete aber 15, die ich, mit Rücksicht darauf, daß ich der einzige Gast war, gern bezahlt hätte, wenn nicht der Wirt selbst, im übrigen ein guter, dämlicher Kerl, durch Verbrauch von wenigstens 15 Zahnstochern und beständiges Nachhelfen mit allen fünf Fingern (und was für welchen) mir den Appetit total verdorben hätte. Ich empfand wieder ganz die Wonne, einem höhren Kulturvolk – nach einigen dem »einzigen« – anzugehören. Schweine sind es und Rüpel, nur dies steht fest.

An Frau Emilie,
Neuruppin, 23. September 1873

Hier wird sehr gut gekocht

Es gefällt mir nun ganz gut hier und ich kann nur wünschen, daß es so bleibt; alle haben etwas Freundliches und das ist schon sehr viel; dabei wird *sehr* gut gekocht, heute vorzüglich. Eine Satte saure Milch (freilich nichts Gekochtes) mit Brot und Zucker, Blumenkohl und Kalbskotelett, und Schweinebraten mit neuen Kartoffeln und Preißelbeeren. Alles für 1 Mark; erstaunlich. Dazu habe ich heut ½ Flasche Apfelwein getrunken. Der erste Tag war der schlechteste, dazu die Gerüche und die Frage: wirst Du schlafen können? Es hat sich alles über Erwarten gut erledigt.

An Frau Emilie,
Rüdersdorf, 9. Juli 1887

Hecht-Essen im Spreewald

Inzwischen ist die Tafel gedeckt worden, und unser Spreewaldsmahl beginnt. Kann man reizender dinieren! Der Tisch mit dem weißen Linnen steht unter einer mächtigen Linde, vor uns haben wir das Haus, hinter uns die Spree und den Wald. Neben uns zwischen dem Haus und den Stallgebäuden wölbt sich eine hohe Laube von Pfeifenkraut, und in dem Eingang zur Laube, wie Puck auf einem Pilz, sitzt Frau Schenkers jüngste Enkelin auf einem Erlenstumpf und sieht, das lachende Gesicht unter dem roten Kopftuch halb verborgen, neugierig-verschämt zu uns herüber. Und nun das Mahl selber! Das wäre kein Spreewaldsmahl, wenn kein Hecht auf dem Tische stände, und das wäre kein Hecht, wenn ihn nicht die berühmte Spreewaldssauce begleitete, die mir wichtig genug erscheint, um hier das Rezept in seinen äußersten Umrissen folgen zu lassen. Das Geheimnis dieser Sauce (die im übrigen dem landesüblichen Kochbuch folgt) ruht in der kurzen Formel: wenig Butter, aber viel Sahne. Probatum est. **D**er Spreewaldshecht hat eine Leber wie andere ehrliche Hechte, und alsbald beginnen wir mit einem:

Die Leber ist von einem Hecht und nicht von
einem Schleie,
Der Fisch will trinken, gebt ihm was, daß er vor
Durst nicht schreie.

Mit diesem zeitgemäßen Leberreim ging es an die Entpuppung des Korbes, der bereits während der Fahrt mehr als einen interessierten Blick auf sich gezogen hatte. Das erste Glas galt, wie billig, der Wirtin:

Die Leber ist von einem Hecht und nicht von
einem Lachse,
Frau Schenker und ihr ganzes Haus, es lebe und
es wachse.

So ging es weiter und schloß endlich mit dem Jubelhymnus ab:

Die Leber ist von einem Hecht und nicht von einem Störe,
Herr Kantor C. von Lübbenau ist König der Kantöre.

In den Spreewald

Verlockung eines Ehesklaven

Als ich ging, wurd' ich noch aufgefordert, an ihrem Mahle Theil zu nehmen, es gäbe Lamm (immer spukt es hamitisch-semitisch in dem Hause) und Maccaroni mit *Pflaumen*. Es lockte mich wirklich, aber als Ehesklave konnte ich den nöthigen Muth doch nicht recht aufbringen. Feigheit ist der Menschheit bestes Theil.

An Tochter Mete, Berlin, 8. Mai 1889

Schmerlen in Altenbrak

So plauderten sie weiter, und als sie, bei fortgesetztem Gespräch über Altenbrak und die Altenbraker, endlich den Zickzackweg wieder abwärts stiegen, bemerkten sie Gordon und die beiden älteren Herren, die, von einem Dorfspaziergange heimkehrend, eben aus der Talschlucht nach Burg Rodenstein hinaufkletterten. In ihrer Mitte Rosa. Diese begrüßte jetzt der ihr bis in

Front des Hauses entgegengehende St. Arnaud unter gleichzeitigen scherzhaften Vorwürfen über ihre Fahnenflucht aus »Hotel Zehnpfund«, und als man abermals eine Minute später gemeinschaftlich auf die Veranda trat, sah man, wie schon die Vorbereitungen zum Mittagsmahl getroffen und Tisch und Stühle, der bessern Aussicht halber, bis hart an die Holzpfeiler vorgerückt waren. Weißes Linnen kam und Blumen, zuletzt auch Cécile, noch angerötet vom Schlaf, und ehe weitere zehn Minuten um waren, hatte jeder seinen Platz beim Mahl, an dem teilzunehmen der Präzeptor nach einigem Zögern eingewilligt hatte. Er saß zwischen den beiden Damen und zeigte durch Artigkeit und guten Humor, daß er in seiner Jugend eine gute Schule durchgemacht haben mußte. Cécile war entzückt und flüsterte Rosa zu: »Tout à fait comme il faut!«

Und so war auch das Mahl, das sich gleich mit einer kleinen Überraschung einleitete. Die Frau Präzeptorin hatte nämlich, über die vereinbarten Gänge hinaus, auch noch für ein Extra Sorge getragen, für eine Kerbelsuppe, hinsichtlich deren ihr Haushalt ein Renommee hatte.

»**A**ch, Kerbel«, sagte der Oberst, als der Deckel abgenommen wurde. »Wenn Sie wüßten, meine liebe Frau Präzeptorin, wie Sie's damit getroffen haben! Wenigstens für mich. Meine ganze Jugend steigt dabei wieder vor mir auf. Alle Mittwoch, solang es Kerbel gab, gab es auch Kerbelsuppe, das war wie Amen in der Kirche, Kerbel und dann Reis und Saucißchen. Ich denke, daß es mir heute so schmecken soll wie damals ... Aber was trinken wir? Cécile, Fräulein Rosa, was soll es sein? Ich gehe bis an die Grenze des Möglichen ...« »**A**lso so weit mein Weinkeller reicht«, lachte der Präzeptor. »Aber mein Herr Oberst, der reicht nicht weit. Ein Trarbacher, ein Zeltinger. Mosel, dir leb ich, Mosel, dir sterb ich. Übrigens das Beste, was ich habe ...« »**N**ein, nein«, unterbrach Cécile. »Nicht Wein, nichts Fremdes. Braunschweiger Landesgebräu. Nicht wahr, Herr von Gordon?« »**U**nbedingt«, sagte dieser. »Bei solchen Gelegenheiten muß alles eine Lokalfarbe haben. Also sagen wir Braunschweiger Mumme.« **S**o scherzte man weiter, bis man schließlich, auf des Präzeptors Vorschlag, sich für ein einfaches Blankenburger Bier entschied, das denn auch in Deckelkrügen aufgetragen wurde, jeder Krug mit einer blauen Glasurinschrift. Der Oberst las die seine. »›Der Meister hat ein Doppelkinn, Hoch lebe die junge Frau Meisterin ...‹ Ei, ei, mein fein's Jung-Gesell, wo will das hinaus? Das herkömmliche Balladen-Töchterlein bleibt uns diesmal überraschlicherweise vorenthalten, und die Frau Meisterin muß dafür aushelfen. Ein Glück, daß sie jung ist.« **I**n diesem Augenblicke kamen die Schmerlen auf einer mit Zitronenscheiben bunt garnierten Schüssel, und da niemand, mit Ausnahme des Emeritus und selbstverständlich auch des Präzeptors, mit dem diffizilen Gerichte Bescheid wußte, so ließ man die beiden anfangen und erging sich, als man ziemlich vorsichtig zu folgen begann, in teils schmeichelhaften, teils despektierlichen Vergleichen. Gordon sprach von »White bait«, woran ihn die Schmerlen erinnern sollten, während ihnen der Oberst einfach eine Mittelstellung zwischen Yklei und Spree-Stint anwies, allerdings im Tone der Entschuldigung hinzusetzend: »Honny soit qui mal y pense.« Rosa drang aber auf vollkommene Revozierung, da sie sich die Poesie der Schmerle nicht rauben lassen wolle, dieses herrlichsten aller Fische, den zu besingen sie keinen Augenblick Anstand nehmen würde, wenn ihr die schnöde Tiermalerei zu Kultivierung der sanglichen Schwesterkunst Zeit gelassen hätte. Aber der Herr Emeritus werde gewiß für sie eintreten. Alle Geistlichen wären bekanntermaßen heimliche Dichter, was auch kaum anders sein könne. Denn wer allsonntäglich unter einem Kanzeldeckel mit der Heiligengeist-Taube stehe, für den müsse auch dichterisch notwendig etwas abfallen. »**J**a, der Emeritus«, riefen alle. »Lied oder Toast. Er mag wählen, aber Verse.« »**G**ut. Ich bin es zufrieden«, sagte der Alte. »Doch jeder nach seinen Kräften. Über den Leberreim bin ich nie hinausgekommen. Und weil alle Welt einen Leberreim machen kann, auch Fräulein Rosa, trotz der von ihr abgegebenen Erklärungen, so muß es einfach reihum gehen. Das ist Bedingung.« »**E**inverstanden«, sagte Rosa. »Nur muß es streng angefaßt werden, das ist *meine* Bedingung, und wer einen falschen Reim macht oder ein Wort gebraucht, das gar nicht existiert, der muß Strafe zahlen oder, mit anderen Worten, ein Pfand geben.« »**U**nd mit Auslösung«, setzte der Privatgelehrte blinzelnd hinzu, der, wie die meisten Pedanten, etwas von einem Faun hatte. »**M**it Auslösung also«, wiederholte St. Arnaud. »Aber vorher lassen wir die Schüssel noch einmal herumgehen. Das gibt uns dann die höhere Weihe. Nun, Herr Emeritus, commençons.« Und der Emeritus, während er von der Schüssel nahm, rezitierte langsam und bedächtig vor sich hin:

»Am Bache stehn Vergißmeinnicht, und drüben
steht die Erle,
Dazwischen blitzt, wie Silberschein, des Baches
Kind, die Schmerle.«

»Gut, gut«, sagte Rosa. »Nun aber der Herr Oberst.« Und dieser, ohne jedes Besinnen, begann sofort:

»Was solln mir Aland, Blei und Hecht und andre
große Kerle,
Forelle, ja das ist mir recht und doppelt recht die
Schmerle.«

»Vorzüglich, vorzüglich. Mein Kompliment, Herr Oberst. Der Emeritus ist geschlagen. Ach, das ewig siegreiche Militär, siegreich auf *jedem* Gebiete. In neuester Zeit auch (leider) auf dem der Malerei. Doch das sind trübe Betrachtungen, *zu* trübe für diese heitere Stunde. Fahren wir also fort. Herr von Gordon, lassen Sie sehen, was Sie draußen in Persien gelernt haben. Die Poesie soll ja da zu Hause sein. Ist es nicht so? Wie hieß er doch? Ah, ja, Firdusi. Nun also.« Gordon, der eine scherzhafte Fehde zu provozieren wünschte, nahm ohne weiteres »Querlen« als Reimwort und ließ sich, als dies selbstverständlich beanstandet wurde, zu Behauptungen hinreißen, deren äußerste Fragwürdigkeit noch über die seines Reimes hinausging. »Es gibt keine Querlen«, entschied Rosa. »Was Inkulpat meint, wenn er überhaupt etwas gemeint hat, sind Quirle. Die gibt es. Herr von Gordon, ein Pfand. Und nun Sie, Herr Eginhard. Ich bitte Sie, Sie bei diesem Vornamen, ich möchte fast sagen im Namen der Poesie, nennen zu dürfen.« **E**ginhard begann, während er vor sich hin starrte, seine Brillengläser zu putzen. Aber mit einem Male lag etwas Leuchtendes um seine Stirn, und er sagte mit einem Anfluge von historischer Würde:

»Der kleinste Fürst im Deutschen Reich, das war
der Fürst von Werle,
Der kleinste Fisch in Bach und Teich ist immer
noch die Schmerle.«

Rosa bestritt sofort wieder, daß es einen Fürsten von Werle gegeben habe, wobei Cécile sekundierte. St. Arnaud aber trat nicht nur für den Privatgelehrten ein, sondern setzte sogar mit vieler Feierlichkeit hinzu, daß er sich einer Mesalliance zwischen einem Werleschen Fürsten und einer anhaltinischen Prinzessin entsinne. Darauf brach er ab und wandte sich an Rosa: »Nun aber *Sie*, meine Gnädigste.« **D**iese verneigte sich lächelnd und sagte dann: »Ich finde, die Herren haben sich's schwer gemacht, um mir es leicht zu machen. An dem Zunächstliegenden sind Sie vorübergegangen. Entscheiden Sie selbst, ob ich recht habe:

Genug, genug der Reimerein auf Schmerlen
oder Schmerle,
Hoch, dreimal, unsre schöne Frau, der Perlen
schönste Perle.«

Dabei erhob sie sich und ging auf Cécile zu, um ihr die Hand zu küssen. Diese litt es aber nicht, sondern umarmte sie mit einem Anflug von Verlegenheit, zugleich sichtlich bewegt durch diese Huldigung einer heiteren und liebenswürdigen Natur. **E**twas wie Sentimentalität schien aufkommen zu wollen, der Präzeptor aber, der kein Freund davon war, stellte den früheren Ton rasch wieder her, und unter Vortrag aller möglichen Anekdoten aus seinem eigentümlichen, halb als Kantor und halb als Pastor verbrachten Leben verging das Mahl, das niemand Miene machte gewaltsam abzukürzen. **E**ndlich aber erhob man sich, und als man in das Tempelchen hinaufstieg, um bei frischer Luft und freier Aussicht den Kaffee zu nehmen, war die Sonne schon im Niedergehen und hing über den Tannen der Berghöhe. Nun sank sie tiefer und durchglühte die Spitzen der Bäume, die momentan im Feuer zu stehen schienen.

Cécile

Man paßt mehr zum »Gasthof zum alten Zieten« in Wildberg als zum Clarendon-Hôtel in London

Speisen auf Reisen

Die Verpflegungsfrage ist für den Kulturmenschen eigentlich das Wichtigste.

An Tochter Mete, 30. September 1894

Picknick in Hampton Court

Schnell durchflog ich die Gänge, von jenem Kraftgefühl beherrscht, das in der letzten Stunde eines Galeriebesuchs der Herr über alle anderen zu werden pflegt – vom Hunger. **F**ünf Stunden waren seit jenem feierlichen Augenblick vergangen, wo Mr. Taylors erster Champagnerpfropf in die Luft paffte, und als ich so hin und her irrte, wandelte mich plötzlich wie ein Gespenst der Gedanke an: wenn du zu spät kämst, wenn alles vorüber wäre! Da weckten mich Stimmen und munteres Gelächter aus meiner finsteren Betrachtung, und um mich blickend, gewahrt ich unter einem Kastanienbaum meine gesamte Begleiterschaft; die beiden Gentlemen stehend und schwatzend, die Ladies ins Gras gelagert und Kränze flechtend. Miss Harper warf mir den ihren zu, und lachend fing ich ihn, wie einen Reifen beim Reifenspiel, mit meinem vorgestreckten Arme auf. »Ich glaubte, Sie hätten uns vergessen!« rief sie schelmisch unter ihrem Hut hervor und sah mich an, als wisse sie's doch am besten, daß keines Mannes Auge ihrer Lieblichkeit jemals vergessen könne. Dann erhob sich alles – gesunder Appetit umschlang uns mit einem Eintrachtsbande –, und dem Boote zueilend, glitten wir in der nächsten Minute schon quer über den Strom hin an das jenseitige Ufer, wo eine prächtige, nach allen Seiten hin von Weidengebüsch umgrenzte Wiese wie geschaffen war für ein lustig verschwiegenes Diner. Eine Koppel Pferde, die im ersten Augenblick halb stutzig, halb neugierig die ungeladenen Gäste empfing, machte bald den bescheidenen Wirt und überließ uns das Terrain. Wir aber hatten bereits den Stamm einer mächtigen alten Rüster zu unserm Lagerplatze ausersehen, und eh eine Viertelstunde um war, breitete sich auf dem Rasen vor unsern bewundernden Augen eine wohlgedeckte Tafel aus. Reizend stach das weiße Linnen von dem saftigen Grün des Rasens ab, aber reizender noch schimmerte die gelbe Kruste einer kolossalen Hühnerpastete, die, von den kunstgeübten Händen der alten Mistress May gebacken, den gebührenden Platz in der Mitte der Tafel einnahm. An den vier Zipfeln des Tischtuchs schimmerten abwechselnd die Stanniolkuppen Mr. Taylors und die geschliffenen, portweingefüllten Karaffen, die Mr. Owen und ich selber als Picknick-Kontingent gestellt hatten; am linken und rechten Flügel der Riesenpastete aber lagen in schlichter Brotgestalt die Gaben der Miss Harper; zwei Königskuchen, deren kleine Rosinen zahllos wie die Sterne am Himmel lachten. So war das Mahl; drum herum aber, auf den umgestürzten Kisten und Körben, saßen sieben lachende Menschen und dankten in kindlicher Fröhlichkeit dem Geber aller Dinge. Der Portwein war längst hin und die Hühnerpastete nur noch eine Ruine, da ergriff ich ein volles Glas Champagner, und mich hoch aufrichtend, schloß ich die Mahlzeit mit jenem Toaste, der, von Herzen kommend, in britischen Herzen noch immer sein Echo fand: Old England for ever!

Ein Sommer in London

Cafés und Restaurants in Paris

Wie mir es immer geht wenn ich ein Urtheil ausgesprochen habe, so auch diesmal, – kaum steht es da, so fang' ich an die Richtigkeit zu bezweifeln*. Gestern, nachdem ich den vorstehenden Brief an Dich geschrieben hatte, begab ich mich wieder (aus purer Langerweile) auf die Boulevards. Es war Sonntag und das Leben auf den Straßen doppelt rege und lebendig. Die Boulevards mit ihrem Lichtermeer und der dichtgedrängten Menschenmasse gaben ein täuschend ähnliches Bild von unsren ›Linden‹, wenn Königs Geburtstag ist und Illumination und Feuerwerk. Was wir alle Jahr an Licht und Menschen 'mal zusammensehn, das sieht man hier

* Nur das Eine steht nach wie vor bummsfest, daß London, wieviel ihm im Einzelnen abgehen mag, als Ganzes unendlich viel großartiger ist.

alle Tage; außerdem sind die Boulevards von der Madeleine-Kirche bis zum Bastille-Platz 4 mal so lang als unsre Linden. Auch London hat, in Bezug auf das Café- und Kneipen-Leben nichts entfernt Aehnliches aufzuweisen. Bis gestern kannt' ich nur die Kneipen-Masse als solche und war durch die Menge, die Ueberzahl derselben eher verstimmt als befriedigt. Ich dachte bei mir: 6 ordentliche Restaurants wären besser als diese 300, unter denen die meisten nichts taugen. Gestern bin ich nun aber dahinter gekommen, daß diese Lokale doch größer, reicher, gediegener sind als ich's bis dahin geglaubt hatte. Die Zimmer ziehen sich oft durch zwei, drei Etagen und man muß überall gewesen sein, um über solch Etablissement ein richtiges Urtheil zu fällen. Ich aß gestern im Café Riche, einem der besten Restaurants am Boulevard des Italiens, und muß einräumen daß alles vortrefflich war, schmackhaft, kräftig und *reiche Auswahl*. Dies letztre ist der große Uebelstand der englischen Küche, – immer und ewig dasselbe. Theuer ist es natürlich über die Maßen und selbst die Londoner Preise verschwinden dagegen. Ich hatte: Suppe, Filet, Fisch, Huhn und eine halbe Flasche Bordeaux; ich bezahlte dafür 11 Franks, also circa 3 Thlr. Ich schreibe Dir das so ausführlich, weil Dich all so was interessirt; – ich schreib' es aber hauptsächlich, um daran die Bemerkung zu knüpfen, wie mir nun allgemach klar wird, daß die Fremden und die Engländer selbst das Pariser Leben dem Londoner so unendlich vorziehn.

An den Vater, Paris, 19. Oktober 1856

Dietendorf – Wer nicht Hungers sterben will, *muß* hier essen

Dietendorf. Wer kennte nicht die Erzählung vom Kesselflicker, der in das Bett eines Prinzen gelegt wurde. Ein ähnliches Märchenwunder hat auch über Station Dietendorf gewaltet, als es diesen Drei-Lehmkatenbau zum mittäglichen Speiseplatz der thüringischen Eisenbahn erhob. Wer nicht Hungers sterben will, *muß* hier essen; die Bahnverwaltung und die elementare Gewalt des eignen Triebes lassen keine Wahl. »Du mußt, du mußt, und kostet es dein Leben.« **A**lles drängte also in den »Salon«. Zwei Tische waren gedeckt. Den ersten hatte die germanische Rasse bereits siegreich im Sturm genommen, und nur an der zweiten Tafel waren noch einige Plätze frei. Hier nahm ich Platz inmitten jener zwölf französischen Offiziere, deren entfesselter Beredsamkeit ich schon eingangs Erwähnung tat. Das Schmorstück mit einer dicken thüringischen Soße ging bereits von Hand zu Hand, der bekannte Schlachtschrei »Bier« drang von der germanischen Tafel her immer vielfältiger durch den Saal, an meiner Tafel aber (der französischen), in jener Verblendung, deren eben nur das Volk der Franzosen fähig ist, hieß es beständig: »Kellnèr, Wein! Kellnèr, *Rot*wein!« Dieser cri de guerre war augenscheinlich in diesen Räumen lange nicht vernommen worden; der angerufene Kellner wechselte also Blicke mit dem am Büfett stehenden dirigierenden maître d'hôtel und war augenscheinlich jedesmal froh, wenn das Geschrei der Nachbartafel ihn wieder in einen klareren Wirkungskreis hineinzog. Zugleich aber war doch auch das »garçon, *Rot*wein« von Tafel zwei aus so mächtig angeschwollen, daß notwendig etwas geschehen mußte. In diesem Momente bewährte sich der Wirt als eine superiore Natur. Er nahm aus dem Hintergrunde seines Büfetts eine Platt-Menage größeren Stils, drin vier bestaubte St. Juliens (halbe Flaschen) standen, und setzte diesen turmartigen Rundbau, der unverkennbar immer nur als Tafelornament gedient hatte, vor den lautesten Schreier. Die gekünstelte Ruhe, mit der er es tat, verriet, daß er vor sich selber vor Gericht stand. Im nächsten Moment waren die Korken gezogen. Ich wandte mich ab. Der nationale Antagonismus ging nicht so weit, daß sich nicht eine lebhafte Teilnahme in mir geregt hätte. Dort die Söhne von Burgund und Bordeaux, und – hier dieser »Dietendorfer!«

Aus den Tagen der Okkupation

Gefangenenkost in Frankreich

Ich hob schon hervor, wie gleichgültig mich der Wechsel der äußern Glücksumstände, der Wegfall des sogenannten Comfort berührte; ich fand bald heraus, daß sich bei einer dünnen Fleischbrühe, einem Glase Landwein und einigen Schnitten Weißbrot sehr wohl leben lasse, im Grunde genommen besser als bei Mayonnaisen und Nußtorte. Beiläufig eine furchtbare Zusammenstellung, die durch einen zwischengeschobenen Rehrücken nicht besser wird. Tag um Tag wurde ich an den Ausspruch eines gefeierten Wiener Arztes erinnert, der mir vor Jahren versicherte, daß er erst Herr seiner Zeit und seines Geistes geworden sei, seitdem er von einer Tasse Bouillon, etwas Brot und einigen Rüben oder Erdäpfeln lebe. Ich meinerseits trank viel *Tee*, aber nur um mich zu erwärmen und durch Wärme gesund zu erhalten; von Wohlgeschmack konnte bei dem seltsamen Gebräu, das auf der Zitadelle von Besançon den Namen »Tee« usurpierte, keine Rede sein.

*

Gut. Ich kehrte auf meinen Bettplatz zurück, kreuzte die Hände überm Knie und starrte ins Blaue, soweit dies an diesem Orte möglich war. Nach einer halben Stunde, auf ein Signal, das mir entgangen war, stürzte alles auf den Hof und kehrte nach zwei Minuten mit der schon erwähnten »Abendsuppe« zurück, die ich so stolz abgelehnt hatte. Ich sollte indes nicht zu kurz kommen. Ein junger badischer Gefreiter, mit dem ich mich gleich in den ersten Minuten bekannt gemacht hatte, stellte einen glücklich eroberten Kübel vor mich hin und forderte mich auf zu kosten. Ich mußte es schon artigkeitshalber. Es war heißes Wasser, mit Brot und Kartoffeln, durch etwas Salz und Zwiebel schmackhaft gemacht. Ich aß und nahm von da ab an der allgemeinen Gefangenenkost teil. Sie bestand in einer Fleischsuppe morgens und einem halben Laib Brot. Wein, Käse und die Abendsuppe waren erlaubte Extras, für die aber gezahlt werden mußte. Mir wurde später (als ich leicht erkrankte) *Tee* bewilligt; aber dabei blieb es. Ich habe dies ohne besonderes Herzeleid ertragen und an mir selber wieder die alte Wahrnehmung gemacht, daß die sogenannten »verwöhnten Leute«, wenn sie nicht absolute Gecken sind, sich in den Wechsel der Glücksumstände am leichtesten finden. Die Bekanntschaft mit den Finessen und Delikatessen des Lebens macht zuletzt ziemlich gleichgültig dagegen; ihr Wert ist ein relativer, oft geradezu ein imaginärer, und die flüchtigste Erkenntnis davon macht es einem verhältnismäßig leicht, *diese* Art von Opfern zu bringen.

★

Der Vormittag, der dem Morgenspaziergang folgte, gehörte der Arbeit. Himmlische Ruhe! Wie leicht, wie behaglich es aus der Feder floß! So kam Mittag heran. Um zwölf Uhr präzis klopfte es, und auf mein nach Gutdünken abgegebenes »Entrez« oder »Herein« erschien Madame la Cantinière, eine freundliche, bleichsüchtige Frau, die nach unendlichen Knicksen und Begrüßungen und unter einem Schwall von Redensarten, aus denen ich mir nur die Stichworte aussuchte, meine Hauptmahlzeit servierte. Diese führte abwechselnd den Namen Déjeuner oder Diner, ohne daß die wechselnde Bezeichnung den geringsten Einfluß auf die Sache selbst geübt hätte. Ein Tisch existierte nicht; der Schreibtisch war sakrosankt; so blieb denn nur die Kommode, die zum Zeichen ihrer Doppelbestimmung und sozusagen als »Tischtuch in Permanenz« eine auseinandergefaltete Serviette trug. Einen Wechsel derselben hab ich nicht erlebt. Auf diese Unterlage nun stellte Madame la Cantinière das zusammengeklappte Tellerpaar, das wie eine große Muschel aussah, aber in der Regel einen Kern barg, der seinem ganzen Gefüge nach alles andere eher war als eine Molluske. An vier Tagen von fünf war es ein Stück in die Pfanne geworfenes Rinderfleisch, ein Rundstück, mit gedörrten Kartoffeln und Seesalz garniert, an das ich nun coûte qu'il coûte heran mußte. Ich zwang es auch in der Regel, wiewohl ich sagen muß, daß es für das, was man mit fünfzig Jahren von Zähnen noch übrig hat, eine Schule und eine Prüfung war. Die genaue Verteilung von einem Korn Seesalz auf je ein Stück Kartoffel, etwa wie ein Konditor die Törtchen mit Kirsche oder Pistazie belegt, gewährte mir dabei eine kleine Unterhaltung. Ich machte es sorglich und gewissenhaft, das jedesmalige Größenverhältnis wohl abwägend. Dazu trank ich Landwein, der einen unglaublich schönen Namen hatte, aber nach dumpfem Faß schmeckte und dem ich durch Zucker und Wasser aufzuhelfen suchte. **W**as die Arrangements angeht, so darf ich wohl hinzusetzen, daß ich meine Mahlzeit notgedrungen im Stehen einnahm, da die Kommodenkästen keinen Stuhl gestatteten, und daß ich (man erhält in gewöhnlichen Lokalen immer nur eine *Gabel*) dies unvollkommene Besteck durch ein in Besançon erobertes Klappmesser vervollständigte, dessen Klinge sich wie Blech bog. Wie man es stellte, so stand es. **D**ies alles war die gebrechliche Seite des Diners, aber das Dessert brachte alles wieder ins reine. Ich schälte sorglich, nachdem das Klappmesser in der Kaminasche einen Läuterungsprozeß durchgemacht hatte, eine große Goldreinette und begann nun, Scheibe auf Scheibe mit immer erneuter Freudigkeit zu genießen, während Blanche mit den Schalen spielte und neben mir bereits das Wasser brodelte, das zehn Minuten später braun und duftig in das von dem Landwein desinfizierte Glas floß. Im Schlürfen des geliebten Trankes vergaß ich vieles, und vieles stieg lächelnd und grüßend herauf. **D**ie gebauchte Blechkanne aber, von einfach-sinnreicher Konstruktion, aus der mir so viele freundliche Minuten erblühten, ich habe sie als Erinnerungsstück mit heimgenommen.

Kriegsgefangen

Essen wie Fontane in Frankreich

Wir hatten die Hauptstraßen, die im wesentlichen fächerförmig von der Kathedrale auslaufen, teils gekreuzt, teils auf und ab passiert und empfanden nunmehr »nach getaner Arbeit« ebensosehr ein Anrecht wie ein Bedürfnis auf Wiederherstellung unseres physischen Menschen. Auf unsere Frage nach einem Restaurant, welche andere Antwort hätten wir in St. Denis erhalten können als »au grand cerf«, und ehe fünf Minuten um waren, standen wir wieder vor der hübschen schwarzen Französin, die für jeden hierher Verschlagenen nie ein Zimmer, aber immer ein Kuvert hatte. Auch für uns. Sie soll bedankt sein für all die Tausende, die sie hier labete und speisete, aber jeder dieser Bevorzugten (denn es war schließlich *immer* noch ein Vorzug) wird ihr doch auch das Zeugnis nicht versagen können, daß sie sich's leicht machte. »Un dîner complet« baute sich, Mal auf Mal, aus einem einzigen Gange auf, mit dem es stand und fiel, aus einem einzigen Gericht, das nur in der Sauce wechselte und als Rôti, als Beefsteak anglais, als Filet aux truffes oder aux marrons doch immer auf denselben Bœuf als den Urquell aller Dinge zurückzuführen war. Alles andere war leicht zu beschaffendes Ornament, das in der Gestalt von Sardines à l'huile, Gänseleberpastete, Knackmandeln und Roquefortkäse entweder heroldartig voraufging oder als Schleppenträger folgte. Jeder, der hier in dem süßen Wechseltanz der Horen gefrühstückt, zu Mittag und zu Abend gegessen und nach seinem Teile ernst und gewissenhaft an *Herstellung jener frischen Gesichtsfarbe* gearbeitet hat, die später das Entzücken so vieler Mütter und Bräute (der Frauen ganz zu schweigen) geworden ist, wird einräumen, in seinem voraufgegangenen Leben vielfach besser und ganz besonders *billiger* gegessen zu haben, aber in der Erinnerung aller werden die im »grand cerf« verbrachten Stunden nichtsdestoweniger zu jenen Lichtpunkten des Daseins zählen, für die es wenig oder nichts besagen will, den Inhalt jener kleinen elfenbeinernen Dosen mit der Inschrift: 500 Francs, *mehrfach* hingegeben zu haben.

Aus den Tagen der Okkupation

Exzellenz, ein guter Frühstücker

Ich fand ein Unterkommen im »Hôtel de l'Europe«. Der erste Eindruck war kein günstiger, denn es wehten Gardinen an Bett und Fenster, anderer Dinge zu geschweigen, die stark an den »Schwan« zu St. Quentin erinnerten; aber ich sollte mich im Lauf der nächsten Tage überzeugen, daß hier, was doch immer die Hauptsache bleibt, eine makellose Seele in einem zu bemängelnden Körper wohnte und daß das Hotel den hohen Ruf, den es hatte, auch verdiente. Ich brauchte wohl nicht erst zu sagen, daß jene makellose Seele die Küche war. Sie repräsentierte ein reines Feuer. Ich war zwei Treppen hoch untergebracht worden und hatte einen prächtigen Blick die Straße hinauf und hinunter. Die Sonne schien und gab dem ziemlich rußigen und mittelalterlich-engen Nest, als welches man das Kernstück der Stadt ohne Zweifel bezeichnen darf, eine *Heiterkeit,* die sonst wohl das letzte ist, das man dieser alten Maasfestung nachrühmen kann. Wie um diesen Eindruck zu steigern, kamen eben jetzt in hellem Waffenblitz, die große Musik vorauf, einzelne sächsische Kolonnen die Straße herauf, zwei Bataillone vom 107. Regiment, Leipziger Kinder, die sich bei Brie am 2. Dezember mit hervorragender Bravour geschlagen hatten und im Bewußtsein davon, fest und leicht zugleich, aus der Straße auf die Place Turenne debouchierten. Sie wirkten wie eine Elitetruppe; kleine, schmächtige Leute, aber ein Zug in allen, der einem das »innen lebt die schaffende Gewalt« in jedem Blick und jeder Bewegung fühlbar machte. Ein gewisses *»Füsilierelement«* kleidet nun mal jeder Truppe am besten. Da ich persönlich meine Laufbahn als Grenadier begonnen und beschlossen habe, so werd ich nicht in Verdacht kommen, noch nachträglich pro domo zu sprechen. **E**s war mittlerweile drei Uhr geworden, jene gesegnete Stunde, wo, wenn man in den Speisesaal hinabsteigt, das große Dejeuner bereits vorüber ist und das Diner noch nicht begonnen hat. Man darf im allgemeinen sicher sein, in dieser Interregnumszeit, von größerer Ungeniertheit ganz abgesehen, am besten bedient zu werden und die beste Gesellschaft zu finden. Wenigstens war es mir an meinem ersten Sedantage so glücklich vorbehalten. **I**ch nahm Platz an einer großen Längstafel, in respektvoller Entfernung von drei, ich weiß nicht, ob auf einer Dienst- oder einer Urlaubsreise begriffenen Offizieren, deren einer, wie das Geflecht von Silber und Gold inklusive Stern mich unschwer erkennen ließ, bereits bis zur Staffel der Generalleutnants emporgestiegen war. Also Exzellenz. **A**lles Hochgestellte ist entweder sehr freundlich oder sehr unfreundlich; einem indifferenten Mittelkurs begegnet man selten bei ihnen. So war es auch hier. Glücklicherweise lag die Ausgesprochenheit nach der guten Seite hin. Es war eine affable Exzellenz, ich glaube, ein guter Frühstükker, etwas großäugig, etwas kongestionssüchtig, vor allem von heiterem, humoristischem Gepräge. Ride si sapis. Keiner von den Steifen, die sich beständig die Frage nach der Paßlichkeit vorlegen. Was eine humoristische Exzellenz tut, paßt immer. **E**r war im lebhaften Gespräch mit seinen beiden Kameraden, unterließ aber nicht, durch freundliche, zu mir herübergesandte Blicke auszudrücken, daß ihn meine Einsamkeit dauere und daß er nur auf eine günstige Gelegenheit warte, die vier Stuhl breit zwischen uns gähnende Kluft durch ein bon mot zu überbrücken. Wenn solche Gelegenheit gesucht wird (nur selten geschieht es), so findet sie sich immer, und schon der zweite oder dritte Gang hatte die Annäherung im Geleite. Es wurden, etwa in Form sogenannter croquets und auch wirklich an Stelle derselben, gebackene boudins oder, in minder eleganter Ausdrucksweise, »geröstete Blutwurststücke« präsentiert, die etwa aussahen wie rote Rüben, die drei Tage lang auf dem Felde gelegen haben und schwarz geworden sind. Ich dankte natürlich. Da rief die an der Gourmandgrenze wandelnde Exzellenz freundlich zu mir herüber: »Davon nehmen Sie nur; das ist das Beste.« Ich verbeugte mich, das Eis war gebrochen, und erwiderte in gleichem Tone: »Auf Ihre Verantwortung, Exzellenz.« **»D**ie übernehm ich.« **E**r hatte recht; es war delikat. So gerieten wir in feine kulinarische Fragen hinein, innerhalb deren ich mich mit Hülfe früher aufgepickter Küchenweisheits-Brosamen mit leidlicher Sicherheit bewegte. Auch in *diesen* Fragen spielt das »so du dir nur selbst vertraust« eine hervorragende Rolle. **E**s konnte nicht ausbleiben, daß die Küchenfrage uns auf Frankreich hinüberlenkte und auf den oft aufgestellten und oft bestrittenen Satz, daß es eigentlich nur *eine* Küche gäbe: die französische. Von der französischen Küche war bis zur ganzen französischen Wirtschaft natürlich nur ein Schritt, und so saßen wir unversehens in politisch-völkerpsychologischen Betrachtungen drin, die vielleicht mehr das Staunen als die Zustimmung unseres Professor Lazarus, der wissenschaftlichen Autorität auf diesem Gebiet, erregt haben würden. Wie immer dem sei, Exzellenz und ich waren in allem einig, woran nicht bloß der Champagnerkübel schuld war, der eben zum dritten Male seinen Insassen wechselte.

Aus den Tagen der Okkupation

Schwierigkeit mit Spiegeleiern

Drei Tage auf meinem Zimmer! Es war unzweifelhaft eine Geduldsprobe! Aber zu erheblichem Teile, und zwar infolge einer ridikül-absonderlichen Szene, die ich gleich am Tage nach meiner Ankunft in der Table d'hôte durchgemacht hatte, hörte diese Geduldsprobe auf, eine solche zu sein. Es hatte damit folgende Bewandtnis: Ich war nach drittehalbstündigem Kathedralenbesuch etwas verspätet zum Dejeuner erschienen, so daß die übrigen Tischgäste mir um zwei, drei Gänge voraus waren. Das sollte verhängnisvoll für mich werden. Gleich der zweite Gang, wenn ich nicht irre, bestand aus Eiern, die nach französischer Sitte nicht in die Pfanne, sondern gleich in den Teller geschlagen waren, in dem sie nun, trotz der heißen Platte, auf der sie gestanden, den Prozeß des Koagulierens nur sehr unvollkommen durchgemacht hatten. Auf dem Perfektgewordensein dieses Prozesses aber beruht die alleinige Möglichkeit, dieses Gerichtes Herr zu werden. Ich sah gleich, daß dies in dem vorliegenden Fall notwendig seine Schwierigkeiten haben müsse, begann aber nichtsdestoweniger gutes Mutes, da wenigstens der Rand, wie ein Graben im Winter, leicht überfroren war. Es ging aber wirklich nicht; die Sache hatte keine Spur von Halt, und ich befand mich in der Lage des Storches in der Fabel, den der Fuchs zu Gast geladen hat. Ich schickte mein Auge rechts und links die Tafel hinunter, um vielleicht dem einen oder andern Mitspeisenden einen Kunstgriff absehen zu können, aber darin rächte sich eben mein Zuspätgekommensein, daß alles schon weit voraus war und nun ausschließlich Miene machte, der Entwicklung des Dramas, in dem ich Schuld und Unschuld zugleich war, neugierigen Blicks zu folgen. Es blieb mir endlich nichts anderes übrig, als unter Verleugnung meiner Grundsätze zu dem bekannten Hülfsmittel der Brotschrippe zu greifen, machte aber nur wieder die Erfahrung, wie gefährlich es ist, mit Prinzipien zu brechen. Alle Balancierkunst scheiterte; jedesmal auf halbem Wege zwischen Teller und Mund stürzte das Eiweiß wieder in den Abgrund. Unsagbare Niederlage! Was halfen mir jetzt alle unsere Siege? Mir war unter dem Bajonettangriff aller auf mich gerichteten Augen nicht anders zumut, als ob St. Privat nie gestürmt worden wäre, und im Wirbeltanz der Gedanken mich zuletzt nur noch dem Instinktiven überlassend, rief ich jetzt, unter Zusammenfassung aller Kräfte, mit demonstrativer Lautheit über den Tisch hin: »Garçon, une cuiller!« Ich hatte natürlich auf einen Teelöffel gerechnet. Hier aber, wo alles schiefging, reichte mir der Kellner natürlich einen schweren Suppenlöffel zu. Furchtbar. Aber von diesem Augenblicke an hatt ich obgesiegt; die Komik der Situation schlug durch, und wenn es ein Gemüselöffel gewesen wäre, es hätte meine jetzt in den Vordergrund tretende Heiterkeit nur noch gesteigert. Ohne Zögern ging ich ans Werk und verzehrte meine Setzeier nunmehr als Suppe. Einige meiner Nachbarn, ganz französisch, lächelten mir zu; die Kühnheit meines Vorgehens hatte mich wieder rausgerissen. Dennoch entsprach es ganz meinen Wünschen, krankheitshalber von einer Stätte geschieden zu sein, die mir fünf Minuten lang so sauer geworden war.

Aus den Tagen der Okkupation

Ein narkotischer Samum von Tabak und Mokka

Noch einmal die zwei Plätze, der Kathedralen- und der Königsplatz! Wie sie in allem einen Gegensatz ausdrücken, so auch in ihren Cafés; Etablissements, um die sich bekanntlich in Frankreich das öffentliche Leben noch mehr dreht als um Hôtel de Ville und Palais de Justice, selbst als um Kirche und – Kaserne. **D**as »Café de la Cathédrale« ist der Sammelplatz des *bürgerlichen* Metz. Hier blüht der Kognakkellner, der, wie ein Bankhalter die Höhe von zwanzig Karten, so die Kognakhöhe von wenigstens zwanzig Flaschen beständig im Gedächtnis trägt. Hier wird die Zigarre gewikkelt, die kleine Pfeife gestopft, hier klappert von früh bis spät der Dominokasten, hier schlägt der Karamboleball unerbittlich an die Bande, hier sind die Blouse und der Henri-quatre zu Haus, hier schnattert's und gattert's, hier blitzen die dunklen Augen, und ein narkotischer Samum von Tabak und Mokka weht heiß über die Tische hin. Hier wandern der »Figaro« und der »Gaulois« von Hand zu Hand, und lange wird es dauern, eh die »Kölnische Zeitung« an *dieser* Stelle ihren Siegeseinzug hält. **A**nders das Café am Esplanadenplatz: das »Café Heaume«. Auch in zurückliegenden Jahrzehnten, lange bevor die »große Wandlung« kam, war der Gegensatz da, und wie das Kathedralen-Caféhaus das zivile Metz beherbergte, so das Esplanaden-Caféhaus das militärische. Hier klapperte immer der Säbel mit dem Queue um die Wette, und der Champagnerkühler verdrängte zeitweilig die geschliffene Flasche des Absinth. Die letzten Oktobertage 70 gesellten zu dem alten Gegensatz von Zivil und Militär noch einen neuen: das Kathedralen-Caféhaus blieb *französisch*, das »Café Heaume« wurde *deutsch*.

Aus den Tagen der Okkupation

Wie wir in Bitsch zu Nacht speisten

Eine Stunde nach Dunkelwerden war ich wieder im Hotel, wo man eben zum Souper schritt. An zwei Tafeln, in zwei Zimmern; nur die Tür stand auf. Will-Franzosen und Deutsche schieden sich auch hier. Die deutsche Tafel hatte eine Längenausdehnung, die in Bitsch überraschen konnte. Es waren aber nicht Fremde, die hier aßen, sondern Ansässige, hierher Verschlagene aus allen deutschen Ländern, die als Post- und Polizeibeamte, als Forst- und Telegraphenbeflissene ihres wenig erfreulichen Dienstes an dieser Stelle warteten. Die Opulenz der Tafel konnte über alles andere, was fehlte, schwerlich hinweghelfen. Nichtsdestoweniger mag es mir, als Beitrag zur Länder- und Völkerkunde, gestattet sein, hier aufzuzählen, wie wir in *Bitsch* zu Nacht speisten. Es gab: Suppe, Fleisch und Sauce, Spargel, Hammelrücken, Kalbsmilch, Kapaun und Salat, Quarkkuchen, Butter und Käse, Biskuits. Also schlecht gerechnet *sieben* Gänge. Dabei muß man gegenwärtig haben, daß Bitsch ein Ort ist, der noch lange nicht auf der Höhe von Bernau steht … Und … ich habe auch in Bernau zu Nacht gegessen!

Aus den Tagen der Okkupation

Die großen Hôtels meiden und die nationalen Albergos aufsuchen

Und vor dem Leinwanddach sitz ich nun mit andern Gästen und schreibe diese Zeilen. Topfgewächse und Kübelbäume: Kamelien, Oleander, Zypressen, bilden einen Honoratiorenplatz, einen salle à manger, in dem Kellner, in langschößigen Alpaca-Fracks, an gedeckten und ungedeckten Tischen geschäftig sind. Die Küchenfenster, nur sechs Schritt von mir, stehen offen und gestatten mir einen Blick auf die rußigen Wände und die weißbemützten Köche. Wieder empfind ich die außerordentliche Verwandtschaft zwischen dem italischen und böhmischen Leben. In Münchengrätz, Sobotka und Gitschin hab ich 1866 ganz Ähnliches gesehen. Zu gleicher Zeit drängt sich's mir auf, daß die Italianissimi unter unsern deutschen Künstlern und Musikern von ihrem Standpunkt gewiß recht haben, wenn sie einen immer wieder beschwören: die großen Hôtels zu meiden und die nationalen Albergos aufzusuchen. Man wird billig, freundlich und sehr gut bedient, lernt Volk und Landessitte kennen und kommt aus dem zuletzt langweilig werdenden, weil scharf vorgeschriebenen Touristengeleis heraus. Alles sehr wahr. Dieser »Lion d'or« ist im Grunde viel interessanter als das Hôtel Grande Bretagne, von dem ich komme; nichtsdestoweniger geht es nicht. Die fabelhaften Gerüche, die aus allen Poren eines solchen nationalen Gasthauses quellen, die »Örtlichkeiten« resp. die »Jardins« (wie es in Mailand hieß), das beständige Gebundensein, gleichsam mitzukochen und mitzubraten – schaffen Zustände, die man in einem gewissen Alter und bei gewissen Verwöhnungen auf die Dauer nicht ertragen kann. Dazu kommt, daß diese Albergos keineswegs immer diesem »Lion d'or« entsprechen; es finden sich auch wahre Räuberhöhlen, und einmal dem ganzen Schrecknis von Knoblauch-Kotelettes und entsprechender »Casi« verfallen, ist man auf 4 Wochen ruiniert. Nur unverwöhnte Mägen und Nasen dürfen sich nationalen Studien hingeben.

An Frau Emilie, Lecco, 14. August 1875

Reisen auf großem Fuß ist kolossal theuer

Unsre kleinen Oster-Diners bei Heyden's und Wangenheims verliefen sehr angenehm, nur George, der bei H.'s mit eingeladen war, war mit der Verpflegung wenig zufrieden. Wir sehen dann immer, wie riesig verwöhnt die jetzige junge Welt ist, so gar in Wahlstatt, in der ›dreckigen Ente‹. George erzählte von einem befreundeten Oberstabsarzt, der vor Kurzem bei Hiller ein Diner gegeben habe, 15 Personen. Die Rechnung betrug 700 Mark, also die Verpflegung jedes Gastes beinah 50 Mark. Theo bezahlt *eine* Mark bei Oswald Nier inclus. 2 Glas Rothwein. Zu meiner Zeit hungerten die Oberstabsärzte. Uebrigens finde ich 100 Franken täglich im Hôtel Quirinal zwar viel, aber doch nicht enorm viel. 100 Franken sind 25 Thaler; rechne ich 8 Thlr für die Wohnung (in Nordernei bezahlt man täglich für 2 Stuben 5 Thaler) ferner 4 Thlr für die Diners, 2 für Lunch, 2 für breakfast und 2 für tea, so kommen die 7, die noch fehlen, für Wein, sonstige Getränke, Heizung, Licht, Service sehr bald heraus. Wenn ich im Harz bin, kostet jeder Tag etwas über 10 Mark, was für 4 Personen etwa 45 Mark oder 15 Thlr betragen würde. Und nun bedenke: Rom, Osterzeit, Hôtel Quirinal und vornehme Wohnung statt ›Schlafstube‹. Wer als kleiner ›pittore‹ zu reisen versteht, kann es *überall* noch billig haben, aber reisen auf großem Fuß ist kolossal theuer.

An Tochter Mete, Berlin, 19. April 1884

Das Prinzip der Mehlpampe

Hier im »Weißen Hirsch« ist es reizend, besonders seitdem wir uns »selber kochen«. Ich bin mit allem Sächsischen einverstanden, schon um der Manierlichkeit der Leute willen. Aber mit der sächsischen Küche, die namentlich in Saucen an dem alten Prinzip der Mehlpampe festhält, kann ich mich nicht einverstanden erklären. Die Luft ist herrlich, und ich habe mich über Erwarten erholt.

An Erich Schmidt, 15. Juni 1898

Kaffe, wenn's sein kann menschliches Produkt

Kaffe und Kuchen

Ja, es sind tüchtige, aber eingeengte Leute [die Märker]. Wenn sie einem eine Tasse Kaffe präsentieren, so rechnen sie *sich's* an, nicht dem, der den Mut hat, diesen Kaffe zu trinken, und gab es gar noch eine geschmierte Semmel dazu, so wird es als ein »Mahl« angesehen, das Anspruch darauf hat, in die Stadt- und Dorfchronik eingezeichnet zu werden.

Ein »Kaffe« aus dem »ff«

Lieber »Paolo« Heyse. **M**orgen (Donnerstag) erwart ich Sie zu einem honetten Kaffe, zu einem Kaffe aus dem »ff« – wie eine alte Tante von mir zu sagen pflegte, die einen Kater-Schnurrbart unter der Nase und eine Herzkirsche auf der Unterlippe hatte. **Z**um Einstippen Gedichte von zweifelhaftem, aber auch Kuchen von unaufgreifbarem (ist nicht mißzuverstehn!) Wert. **Z**igarren können mitgebracht werden.

An Paul Heyse, Berlin, 19. Juni 1850

Der Baumkuchen stellte dem Ganzen das Horoskop

An diesem Vorbereitungstage erschien, wie in allen anderen Häusern, so auch bei uns die Witwe Gaster, eine renommierte Kochfrau. Sie vereinigte Behagen und Würdigkeit in ihrer Erscheinung und wurde, dieser letzteren Eigenschaft entsprechend, mit Respekt und unbedingtem Vertrauen behandelt. Sie lebte, bei begreiflicher Abneigung gegen alles das (besonders Süßigkeiten), was sie tagaus, tagein zu produzieren hatte, beinah ausschließlich von Rotwein und entlehnte das wenige, was sie nebenher noch an Nahrung brauchte, dem beständigen Fettwrasen, in dem sie stand. Ihr Eintritt in unser Haus war für mich gleichbedeutend mit Postofassen in Nähe der Küche, wo nun alles, was sich vollzog, von mir beobachtet beziehungsweise bewundert wurde. Den Anfang machte immer die Herstellung eines Baumkuchens. Als die Gaster, die darüber Buch führte, den tausendsten fertig hatte, gaben ihr die Swinemünder Hausfrauen ein wohlverdientes Fest. Es gibt auch heute noch Baumkuchen, gewiß; aber die jetzigen sind Entartungen, schwächliche, schwammartige Bleichenwangs, während die damaligen eine glückliche Festigkeit hatten, die sich, an den gelungensten Exemplaren, bis zur Knusprigkeit steigerte, begleitet von einer vom dunkelsten Ocker bis zum hellsten Gelb reichenden Farbenskala. Ich war immer glücklich, dem Werdeprozeß solches Baumkuchens zusehen zu können. Auf einem riesigen Herde befand sich, nach der

Wand hin, ein aus Ziegelsteinen aufgemauertes niedriges Halb-Gewölbe, das, nach oben zu dachartig vorspringend, nach unten zu schräg zurücktrat. An dieser zurücktretenden Stelle zog sich ein wohl vier Fuß langes schmales Kohlenfeuer hin, an das nun zwei kleine Eisenständer mit aufgelegtem Bratspieß und Drehvorrichtung herangerückt wurden. Der auf diesen Ständern ruhende Spieß aber gab sich nicht einfach als solcher, vielmehr war ihm ein seiner ganzen Länge nach ausgehöhlter und nach außen hin mit gefettetem Papier überzogener Holzkegel aufgeschoben, der bestimmt war, die Seele des herzustellenden Baumkuchens zu bilden. Und nun, mit Hilfe eines an einem langen Stocke steckenden Blechlöffels, begann das Aufgießen eines dünnflüssigen, anfangs immer wieder herabtröpfelnden Teiges, so daß das eingeschlagene Verfahren eine ganze Zeit lang wie vergeblich erschien. Von dem Augenblick an aber, wo die Teigflüssigkeit konsistenter und das Abtropfen langsamer wurde, regten sich auch die Hoffnungen wieder, und ehe ein paar Stunden um waren, konnte der prachtvoll gebräunte, zugleich zackenreiche Baumkuchen von dem Holzkegel heruntergenommen werden. Alles dabei war von symbolischer Bedeutung. An das volle Gelingen dieses Pracht- und Schaustücks knüpfte sich das Vertrauen auf das Gelingen des Festes überhaupt. Der Baumkuchen stellte dem Ganzen das Horoskop.

Meine Kinderjahre

Ganz London für die kleinste Tasse Kaffee!

»Der größte Segen alles Reisens ist der, daß man sein Vaterland wieder liebenlernt«, sagte mal ein Franzos in der guten alten Zeit, und ich glaube – er wußte, was er sprach. Über wie vieles wetterte ich nicht, als ich noch das schmale Trottoir unserer Straßen trat (z. B. über eben die Schmalheit dieses Trottoirs), und was hab ich seitdem nicht alles liebengelernt: Hofjäger und Frühkonzerte, Zeltenbier und »Vossische Zeitung«, Murmelspiel und Drachensteigen; aber eines mehr als alles, *dich* warme Zufluchtsstätte erfrorener Chambregarnisten, dich freundlichen Mann, wenn alles scheel sieht, *dich* barmherzigen Samariter, der, wenn wir »weiß« befehlen, die warme Milch des Lebens in unsre Tassen gießt, – *dich Spargnapani!* Ach, ein süßer Heimwehschauer überläuft mich, sooft ich deinen Namen spreche, und wenn *dir* nicht die Ohren geklungen, so klingen sie keinem mehr. Verschwenderischer fast als König Richard bot ich manchmal in verzweifelten Momenten »ganz London für deine kleinste Tasse Kaffee!« Und wer das Übertreibung schilt, der komm und seh und seufze und schüttle mir dann in schweigendem Einverständnis die Hand. **E**s gibt auch hier Konditoreien, aber sie verdienen kaum den Namen. Weder die »Kuchenläden«, in denen der Engländer stehenden Fußes seine Stachelbeertorte verzehrt, noch die »Kaffeehäuser«, in denen er hinter seiner Zeitung wie hinter einem Bettschirm sitzt, haben irgend etwas von dem Zauber unsrer Konditoreien an sich, deren Reiz, nebst vielem andren, gewiß in der gleichmäßigen Pflege besteht, deren sich Körper und Geist in ihnen erfreun. Um der hunderttausend Fremden willen, die tagtäglich Londons Straßen durchfluten, haben sich natürlich, wie »um einem tiefgefühlten Bedürfnis abzuhelfen«, auch hier Lokale aufgetan, die abweichen von der langweilig-steifen Kaffeehaussitte Alt-Englands; aber dem Deutschen ist wenig damit geholfen. Die Cafetiers in Regent Street und Pall Mall, in gründlicher und echt britischer Verachtung alles Deutschen, haben es verschmäht, sich auch jenseit des Rheines nach Vorbildern umzutun, und sind lediglich nach Paris gegangen, um mit einer vagen Vorstellung vom Palais Royal und einem usurpierten Namen zurückzukehren. Sie nennen sich sämtlich »*Very*« und haben auf diesen Ehrentitel ohngefähr so viel Anspruch wie jene Farinas, die sich zu Köln am Rheine so pfiffig, klug und weise um den alten echten Jean Maria herumgelagert haben.

Ein Sommer in London

Pariser Keller oder häuslicher Thee

Am Sonntag sollte es geschehn, da kam Scherz, der eine ganz extra-ordinäre Liebenswürdigkeit entwikkelte, erst bei uns aß und Kaffe trank und uns dann in die ›Maschinenbauer‹ führte, wo wir uns alle recht sehr amüsirten. Nicht so im Pariser Keller, wo die Tages-

Herrlichkeit abschloß; der 40jährige Cultur-Mensch, der viel lesen und schreiben muß, ist Abends müde und zieht eine häusliche Tasse Thee viel viel einem solchen Bumskeller vor, der auch *dann* nicht in überirdischem Lichte erscheint wenn das rittergutsbesitzerliche Zauberwort erschallt: Kellner, stellen Sie eine ›Bollinger‹ kalt! So kam es, daß wir fast alle 3 einschliefen; zum Glück wurde Emilie ein kleines bischen ohnmächtig, was wieder eine vorübergehende Thätigkeit in die Bude brachte.

An Schwester Elise, Berlin, 30. August 1859

Eine große Schüssel armer Ritter

Ich vergaß Dir zu schreiben, daß ich schon letzten Sonnabend einen ›Thee‹ gab, zu dem Graevenitzens: Vater, Mutter und Tochter erschienen. Ich hatte dazu von Ahrend einigen Obstkuchen und eine Flasche Crême de Cacao geholt, welche letztre Du, zu Deiner Erbauung, noch mit 2/3 Gehalt vorfinden wirst. Gestern war nun ›Gegen-Thee‹, zu dem ich ein reines Hemd und die Lackstiefel mit den unelastischen Elastics spendirte. Das Fräulein ist besonders liebenswürdig und so fand ich auf meinem Teller, in einem Couvert, nicht blos ein im Garten gepflücktes 4 blättriges Kleeblatt, was Glück bringen soll, vor, sondern wurde auch noch durch eine große Schüssel armer Ritter erfreut, die das Fräulein selbst gebacken hatte. Besondre

Aufmerksamkeit, da ich gleich den ersten Tag zufällig bemerkt hatte ›ich äße sie so gern.‹ Das Geplauder war sehr lebhaft; nur um 10 geräth er, der Alte, jedesmal in dieselben Zustände, wie sein früherer Vice-Präsident Grimm und hängt ›zwischen Tod und Leben.‹

An Frau Emilie, Wernigerode, 13. August 1880

Römische Chocoladenbiscuits mit Crême-Füllung

Statt eines Osterstollen wenigstens einen Osterbrief. Wo wir Dich in der ewigen Stadt suchen sollen, wissen wir noch nicht, doch denk' ich vorläufig in dem Hôtel sopra Minerva. Da hast Du die Kirche in der Nähe, in der glaub ich links neben dem Altar der wunderbar schöne Christus von Michel Angelo steht (mit einem Goldschuh, weil der Vorderfuß wenn mir recht ist abgebrochen war) da hast Du Monte Citorio wo sich das römische Volk zu versammeln liebte trotzdem der Monte nicht höher und größer ist als unser Schnekkenberg, da hast Du die Piazza Colonna, den Palazzo Borghese, die Post, das Café Cavour, alles so nah, daß man sich vom einen zum andern einen Guten Morgen zurufen kann. Auch eine wundervolle Conditorei ist da, wo man kleine ›Bouche's‹ kriegt, Chocoladenbiscuits mit Crême-Füllung, woneben die ganze Herrlichkeit von Kranzler-Josty nur eine Rohheit oder doch höchstens ein Cultur-Anfang ist. Und schräg über von der Conditorei ist eine Wasserbude, wo statt schrecklichen Sodawassers mit noch schrecklicherem Himbeersaft, blos acqua, blos Wasserleitungswasser verkauft wird, aber welch Wasserleitungswasser, nicht aus dem algenreichen Tegler-See, sondern ein Wasser ›vom Gebirge her‹. Doch wozu Dir von *dem* erzählen, was Du vor Augen hast und in jedem Augenblicke genießen kannst; ich mach' es wieder wie vor 14 Tagen bei Lindau, wo ich den neben mir sitzenden Prinzen von Meiningen, an der Hand Onkel Wittescher Weisheit und Erfahrungen, über Meininger Zustände unterhielt, bis ich mich entsann und mich entschuldigte.

An Tochter Mete, Berlin, 8. April 1884

Der Kaffe-Sachse

Der sächsische Herr mit Frau u. drei Kindern hatte den amüsanten, mir äußerst sympathischen Zug, den fast alle Sachsen haben: gut gelaunt, etwas witzig, etwas humoristisch und voll schelmischer Selbstironie. Er bestellte sofort 5 Tassen Kaffe. Als diese kamen, beiläufig wahre Riesenexemplare (sogenannte Bowlen) sagte ich ihm: ›ich hätte ihn gleich wiedererkannt, aber Gewißheit hätte mir erst der Kaffe gegeben; gestern Abend 5 große Tassen in Leer, heute 5 noch größere an Bord.‹ Er lachte und sagte: ›Gott, ich bin ein Sachse; dem müssen Sie in *diesem* Punkte schon was zu gute halten.‹ Als ich ihm darauf erwiederte: ›ich hätte es kaum herausgehört; er mache von seinem Sächsisch einen sehr diskreten Gebrauch‹, antwortete er: ›Gott, wir sind auch nicht von den Schlimmsten; wenn wir nach ›Leipz'g‹ kommen, so lachen wir.‹

An Frau Emilie, 19. Juli 1883

Mohn- und Quarkkuchen von Bäcker Thier

Die Gleichgültigkeit der Menschen gegen Poetereien übersteigt alles Maß und es ist mir ein Beweis meines natürlichen Angewiesen- und Eingeschworenseins auf diese Dinge, daß ich, trotz der klaren und niederdrükkenden Erkenntniß von dem Nichts dieser Beschäftigung, doch dabei ausharre, einfach weil ich nicht anders kann. Aber Bäcker Thier an der Ecke, mit seinen 2 blonden Mamsells, die Mohn- und Quarkkuchen verkaufen, ist besser dran. Sonderbar, daß ich im Drauflosschreiben grade Mohn und Quark 'rausgegriffen habe; dazu bringt man's genau auch; bei den meisten Kollegen prävalirt Quark, bei mir Mohn. Aber es fragt sich, ob Mohn nicht das Schlimmere ist.

An Tochter Mete, Berlin, 17. Mai 1889

Champagner ist nun mal nicht mein Wein

Bier und Cognac, Mosel und Gilka sowie ein Fünfzeiler über das Rauchen

Mit Sehnsucht, von meiner Frau zu schweigen, erwarte ich *Wein*, denn man muß etwas trinken, was einen erfrischt und nicht so verschlappert wie Wasser und Brausepulver.

An Frau Emilie, 9. Juni 1885

An Emilie

Zum 14. November 1880

Mit neuen Pfropfen

Es hilft uns kein Gedeutel,
So nimm es, wie es fällt,
Der eine hat den Beutel,
Der andre hat das Geld.

Es läßt sich nichts erklopfen –
Der eine hat den Wein,
Der andre hat die Pfropfen,
Man muß zufrieden sein.

Diner bei den Merckels

Die liebenswürdigen Merckel's gaben mir ein Geburtstags-Diner, nur Emilie und ich waren da. Die weißen Rüben mit Maronen schmeckten besser denn je und selbst Austern und Champagner hatte die überschwenglich gutmüthige Frau spendirt. – Dem Diner folgte die gewöhnliche Rütli-Sitzung, in der ich aber fast einschlief – Champagner ist nun mal nicht mein Wein.

An Mutter Fontane, Berlin, 30. Dezember 1854

Cognac-Kaffee als Lebensretter

»Und nun, mein Renatchen, ehe wir weiterplaudern, bitt ich um einen Kafee, das heißt, mit Permission, um einen Cognac-Kaffee. Den Milchkaffee habe ich abgeschworen. Das ist nichts für einen alten Doktor mit Landpraxis.« Tante Schorlemmer ging, um das Gewünschte herbeizuschaffen; der alte Leist aber, der, wie alle Doktoren, auch wenn sie nicht beim Feldscher begonnen haben, gerne sprach und Anekdoten erzählte, um das ewige Einerlei der Krankengeschichten loszuwerden, wiederholte, als die Schorlemmer hinaus war, seine letzten Worte und setzte dann erklärend hinzu: »Sehen Sie, mein Renatchen, mit dem milchernen ist es nichts. Ich meine den Kaffee. Sonst laß ich auf das Milcherne nichts kommen, denn es ist die höhere Stufe. Aber was ich sagen wollte. Sehen Sie, dies Franzosenvolk ist sonst nicht mein Gustus, und ihre Guillotinenwirtschaft, was sie damals ›La Terreur‹ oder, wie wir sagen, den Schrecken oder den Terrorismus genannt haben, das kann ich ihnen nicht vergessen: aber, der Wahrheit die Ehre, mit dem Cognac-Kaffee, da haben sie's getroffen. Es gibt so Sachen, worin sie uns überlegen sind.« **R**enate rückte ungeduldig hin und her; der alte Leist indessen schien es nicht zu bemerken und fuhr fort: »**U**nd es ist eigentlich nicht mehr und nicht weniger als meine Pflicht und Schuldigkeit, daß ich mich ehrlich dazu bekenne. Denn ohne diesen Cognac-Kaffee wär ich nicht mehr am Leben und säße nicht in diesem hübschen Bohlsdorfer Krug. Sie haben von Anno 93 gehört, oder Quatre-vingt-treize, wie die Franzosen sagen. Sie lieben alles, was einen Schnepper hat und so ins Ohr klingt, als ob es was Apartes wäre. Und sehen Sie, damals hatten wir ja den Champagnefeldzug, und ich war auch mit, mitsamt meiner Grenadiercompagnie von Alt-Larisch. Nun ja, ›Champagne‹, das klingt ganz gut, und wer es nicht besser weiß, der denkt sich lauter bauchige Weinflaschen und einen blanken Pfropfen, der mit einem Knall an die Decke springt. Aber, und himmlische Güte, wir haben die Champagne ganz anders kennengelernt. Es regnete Tag und Nacht, immer Biwak und im Freien kampiert auf Kalk- und Lehmboden, der das Wasser nicht durchläßt, und ehe vier Wochen um waren, lag die halbe preußische Armee nicht mehr im Biwak, sondern im Lazarett. Und der alte Leist, trotzdem er ein Doktor war, hätte auch darin gelegen, wenn er sich nicht gehütet hätte. Denn der kannte die Lazarette, und weil er sie kannte, kroch er lieber beiseite und schleppte sich bis an ein alleinstehendes Bauernhaus, in dessen Tür er, mit Permission, eine dicke, alte Französin stehen sah. Und die hatte Mitleid mit ihm und nahm ihn auf. Und um es kurz zu machen, sie packte mich in ein turmhohes Bett, und als ich nun einen Schüttelfrost kriegte und meine Zähne, soviel ihrer noch waren, vor Kälte zusammenschlugen, da brachte sie mir einen Cognac-Kaffee, eine Tasse, zwei Tassen, ich weiß nicht, wieviel ich getrunken habe. Aber das weiß ich, daß ich den dritten Tag wieder auf den Beinen war. Und seitdem trinke ich ihn in allen schweren Lebenslagen, wohin ich auch sieben Meilen bei zehn Grad Kälte rechne, erstens aus Dankbarkeit, zweitens aus Vorsicht und drittens, weil er mir schmeckt.« **I**n diesem Augenblick trat die Schorlemmer wieder ein, und die Krügersfrau mit dem geforderten Kaffee folgte. Neben der Tasse stand ein Glas. Der Doktor liebäugelte damit, schwankte zwischen Anstand und Begehrlichkeit, unterlag aber wie gewöhnlich der letzteren und leerte das Glas auf einen Zug. Der Mischungsprozeß war unterblieben.

Vor dem Sturm

Bier ist ein Roborans

Auch ich beklage, daß Du nicht voll bei Wege bist und mehr oder weniger am Magen laborirst. Ich denke, die frische Brise von Warnemünde und Dein altes Element: das Wasser, werden die kl. Magen- und Nervenverstimmung wieder wegspülen. Mama hat schon von Cognac etc. geschrieben, sei vor allem auch viel draußen, in frischer Luft, Münster soll ja herrliche Promenaden und Kaffegärten haben, Kaffegärten in denen man natürlich Bier trinkt. Und Bier ist ein Roborans.

An Tochter Mete, Kissingen, 24. Juli 1889

Maibowle bei Sala Tarone

Die Turmuhren auf dem Gensdarmenmarkt schlugen elf, als die Gäste der Frau von Carayon auf die Behrenstraße hinaustraten und nach links einbiegend auf die Linden zuschritten. Der Mond hatte sich verschleiert, und die Regenfeuchte, die bereits in der Luft lag und auf Wetterumschlag deutete, tat allen wohl. An der Ecke der Linden empfahl sich Schach, allerhand Dienstliches vorschützend, während Alvensleben, Bülow und Sander übereinkamen, noch eine Stunde zu plaudern. »**A**ber wo?« fragte Bülow, der im ganzen nicht wählerisch war, aber doch einen Abscheu gegen Lokale hatte, darin ihm »Aufpasser und Kellner die Kehle zuschnürten«. »**A**ber wo?« wiederholte Sander. »Sieh, das Gute liegt so nah«, und wies dabei auf einen Eckladen, über dem in mäßig großen Buchstaben zu lesen stand: Italiener-, Wein- und Delikatessenhandlung von Sala Tarone. Da schon geschlossen war, klopfte man an die Haustür, an deren einer Seite sich ein Einschnitt mit einer Klappe befand. Und wirklich, gleich darauf öffnete sich's von innen, ein Kopf erschien am Kuckloch, und als Alvenslebens Uniform über den Charakter der etwas späten Gäste beruhigt hatte, drehte sich innen der Schlüssel im Schloß, und alle drei traten ein. Aber der Luftzug, der ging, löschte den Blaker aus, den der Küfer in Händen hielt, und nur eine ganz im Hintergrunde, dicht über der Hoftür, schwelende Laterne gab gerade noch Licht genug, um das Gefährliche der Passage kenntlich zu machen. »**I**ch bitte Sie, Bülow, was sagen Sie zu diesem Defilee?« brummte Sander, sich immer dünner machend, und wirklich hieß es auf der Hut sein, denn in Front der zu beiden Seiten liegenden Öl- und Weinfässer standen Zitronen- und Apfelsinenkisten, deren Deckel nach vorn hin aufgeklappt waren. »Achtung«, sagte der Küfer. »Is hier allens voll Pinnen und Nägel. Habe mir gestern erst einen eingetreten.« »**A**lso auch spanische Reiter ... Oh, Bülow! In solche Lage bringt einen ein militärischer Verlag.« **D**ieser Sandersche Schmerzensschrei stellte die Heiterkeit wieder her, und unter Tappen und Tasten war man endlich bis in die Nähe der Hoftür gekommen, wo, nach rechts hin, einige der Fässer weniger dicht nebeneinander lagen. Hier zwängte man sich denn auch durch und gelangte mit Hilfe von vier oder fünf steilen Stufen in eine mäßig große Hinterstube, die gelb gestrichen und halb verblakt und nach Art aller »Frühstücksstuben« um Mitternacht am vollsten war. Überall, an niedrigen Paneelen hin, standen lange, längst eingesessene Ledersofas, mit kleinen und großen Tischen davor, und nur *eine* Stelle war da, wo dieses Mobiliar fehlte. Hier stand vielmehr ein mit Kästen und Realen überbautes Pult, vor welchem einer der Repräsentanten der Firma tagaus, tagein auf einem Drehschemel ritt und seine Befehle (gewöhnlich nur ein Wort) in einen unmittelbar neben dem Pult befindlichen Keller hinunterrief, dessen Falltür immer offenstand. **U**nsere drei Freunde hatten in einer dem Kellerloch schräg gegenüber gelegenen Ecke Platz genommen, und Sander, der grad lange genug Verleger war, um sich auf lukullische Feinheiten zu verstehen, überflog eben die Wein- und Speisekarte. Diese war in russisch Leder gebunden, roch aber nach Hummer. Es schien nicht, daß unser Lukull gefunden hatte, was ihm gefiel; er schob also die Karte wieder fort und sagte: »Das Geringste, was ich von einem solchen hundstäglichen April erwarten kann, sind Maikräuter, Asperula odorata Linnéi. Denn ich hab auch Botanisches verlegt. Von dem Vorhandensein frischer Apfelsinen haben wir uns draußen mit Gefahr unseres Lebens überzeugt, und für den Mosel bürgt uns die Firma.« **D**er Herr am Pult rührte sich nicht, aber man sah deutlich, daß er mit seinem Rücken zustimmte, Bülow und Alvensleben taten desgleichen, und Sander resolvierte kurz: »Also Maibowle.« **D**as Wort war absichtlich laut und mit der Betonung einer Ordre gesprochen worden, und im selben Augenblicke scholl es auch schon vom Drehstuhl her in das Kellerloch hinunter: »Fritz!« Ein zunächst nur mit halber Figur aus der Versenkung auftauchender dicker und kurzhalsiger Junge wurde, wie wenn auf eine Feder gedrückt worden wäre, sofort sichtbar, übersprang diensteifrig, indem er die Hand aufsetzte, die letzten zwei, drei Stufen und stand im Nu vor Sander, den er, allem Anscheine nach, am besten kannte. »**S**agen Sie, Fritz, wie verhält sich die Firma Sala Tarone zur Maibowle?« »**G**ut. Sehr gut.« »**A**ber wir haben erst April, und sosehr ich im allgemeinen der Mann der Surrogate bin, so haß ich doch eins: die Tonkabohne. Die Tonkabohne gehört in die Schnupftabaksdose, nicht in die Maibowle. Verstanden?« »**Z**u dienen, Herr Sander.« »**G**ut denn. Also Maikräuter. Und nicht lange ziehen lassen. Waldmeister ist nicht Kamillentee. Der Mosel, sagen wir ein Zeltinger oder ein Brauneberger, wird langsam über die Büschel gegossen; das genügt. Apfelsinenschnitten als bloßes Ornament. Eine Scheibe zuviel macht Kopfweh. Und nicht zu süß, und eine Cliquot extra. Extra, sag ich. Besser ist besser.« **D**amit war die Bestellung beendet, und ehe zehn Minuten um waren, erschien die Bowle, darauf nicht mehr als drei oder vier Waldmeisterblättchen schwammen, nur gerade genug, den Beweis der Echtheit zu führen. »**S**ehen Sie, Fritz, das gefällt mir. Auf mancher Maibowle schwimmt es wie Entengrütze. Und das ist schrecklich. Ich denke, wir werden Freunde bleiben. Und nun grüne Gläser.«

Alvensleben lachte. »Grüne?« »**J**a. Was sich dagegen sagen läßt, lieber Alvensleben, weiß ich und laß es gelten. Es ist in der Tat eine Frage, die mich seit länger beschäftigt und die, neben anderen, in die Reihe jener Zwiespalte gehört, die sich, wir mögen es anfangen, wie wir wollen, durch unser Leben hinziehen. Die Farbe des Weins geht verloren, aber die Farbe des Frühlings wird gewonnen, und mit ihr das festliche Gesamtkolorit. Und dies erscheint mir als der wichtigere Punkt. Unser Essen und Trinken, soweit es nicht der gemeinen Lebensnotdurft dient, muß mehr und mehr zur symbolischen Handlung werden, und ich begreife Zeiten des späteren Mittelalters, in denen der Tafelaufsatz und die Fruchtschalen mehr bedeuteten als das Mahl selbst.« »**W**ie gut Ihnen das kleidet, Sander«, lachte Bülow. »Und doch dank ich Gott, Ihre Kapaunenrechnung nicht bezahlen zu müssen.« »**D**ie Sie schließlich *doch* bezahlen.« »**A**h, das *erste* Mal, daß ich einen dankbaren Verleger in Ihnen entdecke. Stoßen wir an ...«

Schach von Wuthenow

Lob der Bocksbeutelflasche

»Und dabei, lieber Czako«, nahm jetzt Dubslav das Wort, »dabei bleiben Sie nur. Auf Ihr Spezielles! In so wichtiger Sache müssen Sie mir aber in meiner Lieblingssorte Bescheid tun, nicht in Rotwein, den mein berühmter Miteinsiedler das ›natürliche Getränk des norddeutschen Menschen‹ genannt hatte. Einer seiner mannigfachen Irrtümer; vielleicht der größte. Das natürliche Getränk des norddeutschen Menschen ist am Rhein und Main zu finden. Und am vorzüglichsten da, wo sich, wenn ich den Ausdruck gebrauchen darf, beide vermählen. Ungefähr von dieser Vermählungsstelle kommt auch der hier.« Und dabei wies er auf eine vor ihm stehende Bocksbeutelflasche. »Sehen Sie, meine Herren, verhaßt sind mir alle langen Hälse; das hier aber, das nenn ich eine gefällige Form. Heißt es nicht irgendwo: ›Laßt mich dicke Leute sehn‹, oder so ähnlich. Da stimm ich zu; dicke Flaschen, die sind mein Fall.« Und dabei stieß er wiederholt mit Czako an.

Der Stechlin

Korn als Frühstückswein

Der dritte, von dem ich sprechen möchte, war der junge Baron *Senfft-Pilsach*, Neffe des vorgenannten Geheimrats, Sohn des pommerschen Oberpräsidenten. Er war – trotz ganz unjunkerlicher Anschauungen – in Erscheinung und Sprechweise der Typus eines pommersch-märkischen Junkers, groß und stark, humoristisch und derb bis zum Zynismus. Er war als Gymnasialschüler bei dem Chefredakteur der »Kreuzzeitung« in Pension gewesen und hatte sich bei der Gelegenheit, wie das so oft geschieht, von *dem* abgewandt, dem man ihn zuwenden wollte. Als ich ihn kennenlernte, war er, glaub ich, Referendar und einige zwanzig Jahre alt. Wir plauderten miteinander, und er merkte, daß ich Fühlhörner ausstreckte, um über das konservative Hochmaß seiner Gesinnung ins klare zu kommen. Er lachte. »Meinetwegen brauchen Sie sich nicht zu genieren. Ich denke über alles anders.« Sein Leben bewies das. Er verheiratete sich mit einer polnisch-jüdischen Dame von großer musikalischer Bedeutung, ich glaube Pianistin von Beruf, und trat in Lebenskreise, die dem seiner Familie weitab lagen. Irgendeiner Aktien- oder Kommanditgesellschaft als Agent oder Berater beigegeben, ging er in den ihm verbleibenden Mußestunden in Musik auf. Er war weit über allen Dilettantismus hinaus ein vorzüglicher Sänger und im Vortrag Löwescher Balladen damals unerreicht. Er wußte, daß ich voller Interesse für diese Balladen war, und so schrieb er mir eines Tages eine Karte, worin er sich für den folgenden Vormittag anmeldete. »Keine Umstände, ich werde Ihnen den ›Archibald Douglas‹ vorsingen.« Er kam auch, und obwohl der niedrige Raum, dazu Gardinen und Teppiche, den Vollklang seiner mächtigen Stimme sehr behinderten, so machte sein Vortrag doch einen großen Eindruck auf mich und die Menschen, die zugegen waren. Ich sprach ihm meinen herzlichen Dank aus und bot ihm ein Glas Wein an, so gut ich's hatte, hinzusetzend, ich hätte tags zuvor von einem in Wernigerode lebenden Freunde einige Flaschen »Wernigeröder« erhalten, einen abgelagerten Kornus, von dem es heiße, daß er womöglich noch besser als Nordhäuser sei; ob ich ihm vielleicht *den* vorsetzen dürfe? Sein Gesicht nahm sofort einen komisch feierlichen Ausdruck an, und den Rotwein beinah despektierlich zurückschiebend, sagte er: »Dann bitt ich freilich um Wernigeröder.« Er behandelte ihn wie Frühstückswein und sprach sich, als er mehrere mittelgroße Gläser geleert hatte, voll Anerkennung über den Mann aus, der dies »edle Naß« so rechtzeitig geschickt habe. Diese Begegnung mit ihm fand in Tagen statt, die seine letzten guten Tage waren. Er wurde bald danach krank und verfiel sichtlich. Er ritt viel, von Kur wegen, und wenn ich ihn im Tiergarten traf, ging ich eine Strecke neben ihm her und ließ mir von ihm erzählen. Es war immer noch die alte forsche Sprechweise, aber mit einem Dämpfer drauf, und verhältnismäßig schnell ging es zu Ende. Er war eine Figur und hat sich wohl jedem fest eingeprägt, der ihn kennenlernte.

Von Zwanzig bis Dreißig

»Knickebein«

Halb durchnäßt, dazu der wunderbare Dunst einiger zwanzig Kautschukmäntel, es war eine Situation, der mit den kräftigsten Mitteln begegnet werden mußte. »Da hilft nur *Knickebein*«, erklang es aus unserer Mitte. »Knickebein?« fragt ich verwundert und wie in bangem Echo. Aber die Mühle von Sannois schien dies ziemlich unfranzösische Wort schon mehr als einmal vernommen zu haben, denn alsbald erschienen fünf Gläser, fünf Eigelb und zwei geschliffene Flaschen mit Kognak und Anisette. Von Hals und Kehlkopfs wegen sucht ich zu protestieren, aber allgemeine Heiterkeit und die Versicherung: »Dafür ist ja das Eigelb; *Eigelb dämpft*«, antworteten mir. **S**o ging ich denn mutig vor. **A**ber, o Knickebein, deiner will ich gedenken; ein solches Bein war mir lange nicht gestellt worden. **E**s schmeckte leidlich gut, aber ich zahlte den Genuß dieser Stunde mit – drei Tagen Halsentzündung.

Aus den Tagen der Okkupation

Im Bremer Ratskeller

Im Rathhauskeller hatt' ich nur ein mäßiges Vergnügen und nur der Wein, den ich trank, war sehr schön, sowohl der junge, wie der alte. Dabei beides sehr billig. Eine halbe Flasche Marcobrunner 15 Sgr ein Spottgeld für so guten Wein, und ein Glas 1727er Rüdesheimer nur 8 Sgr. Die meisten Menschen machen sich nichts aus so altem Wein, deshalb wird er zu so billigem Preise weggegeben. *Mir* schmeckte er ausgezeichnet und ich wünschte wohl ein ›Verehrer‹ (die ja zeitlebens so viel für mich gethan) schenkte mir 50 Flaschen davon. Ich aß einen halben Hummer, womit ich den ganzen Tag auskam. Danach ließ ich mich in den Kellern umherführen. Mir trat der Tag wieder vor die Seele, wo ich 1844 auf meiner ersten Londoner Spritzfahrt in den Docks-Kellern umhergeführt wurde. Sind 36 Jahre. Dazwischen liegt das Leben. Und doch kam ich mir nicht 'mal sehr verändert vor. Arm, unsicher und selbstbewußt, gerade wie damals. Und nun wird es auch wohl so bleiben. In dem einen Keller liegt in 12 Stückfässern der ›Apostelwein‹, jedes Faß hat einen Apostelnamen. Der ›Judaswein‹ ist natürlich der beste.

An Frau Emilie, Emden, 18. Juli 1880

Zeltinger oder Gieshübler Sauerbrunnen

Mir geht es erträglich und bringe ich das fabelhaft heiße Wetter in Anschlag, so kann ich selbst sagen: gut. Allerdings fehlt mir meine Verpflegung, vor allem Zeltinger und selbst Pujeaux, trotzdem letztrer neuerdings im Kurs gesunken ist. Es giebt auch hier Zeltinger, aber die Flasche kostet grade 1 Thaler und *das* ist mir denn doch über den Spaß. Da vergifte ich mich lieber mit Melniker ruhig noch eine Weile weiter; – Gieshübler Sauerbrunnen muß für alle Schäden aufkommen. Gieshübel gehörte bis vor 20 oder 30 Jahren einem Grafen, vielleicht Graf Chotek, der das Quellwasser ruhig in die Tepel laufen ließ; er verkaufte dann seinen Besitz an einen Herrn Mattoni, also muthmaßlich an einen ungrischen Juden, der nun das Wasser auffing und es in den Welthandel brachte. Die Zahl der Millionen Gulden, die dabei gewonnen worden sind, ist so hoch, daß der gräfliche Vorbesitzer, der diesen Wechsel der Dinge noch erlebte, darüber verrückt geworden ist. *Ich* wäre nicht verrückt geworden, aber wer etwas wacklig ist, kann es dabei werden.

An Tochter Mete, Karlsbad, 22. August 1893

Die Weinkeller der London-Docks

Ich gedenke heut nur von den eigentlichen London-Docks zu sprechen, ganz besonders aber die Docks*keller* in Augenschein zu nehmen, von denen im voraus bemerkt sei, daß sie, in Gemeinschaft mit Speichern, Remisen und Lagerhäusern, die unmittelbare Nachbarschaft, sozusagen einen integrierenden Teil der Docks selber bilden. Denken wir uns eine Durchschnittszeichnung zwischen der mit der Themse parallellaufenden Citystraße und der Themse selbst, so ist die Reihenfolge *diese*: zuerst das Handelshaus mit seinen Comptoiren, dann geräumige Höfe mit Speichern aller Art, *unter diesen die Dockskeller*, und schließlich, unmittelbar an der Themse, die Docks selbst. Die Höfe und die Keller verhalten sich zueinander wie zwei Etagen, und je nachdem die Ladung des eben angekommenen Schiffes aus Wein, Öl und Rum auf der einen oder aus Reis, Zucker, Wolle und Baumwolle auf der anderen Seite besteht, wälzt man die Fässer und Ballen direkt vom Bord des Schiffes entweder auf die Speicherhöfe oder eine Etage tiefer, in die Dockskeller hinein. Unter diesen spielen die Weinkeller, die (vermutlich ein Kompagniegeschäft) nicht nur unter dem Speicherhofe *eines* Grundstücks, sondern unter einem ganzen Citystadtteil hinlaufen, die größte Rolle. **D**er Freundlichkeit eines deutschen Kaufmannes verdankte ich es, daß mir Gelegenheit wurde, diese ungeheuren Räumlichkeiten in Augenschein zu nehmen. Er gab mich für einen jungen Deutschen aus, der nicht übel

Lust habe, mehrere Oxhoft Port und Sherry gegen Barzahlung sofort zu entnehmen, eine Rolle, die zu viele Vorteile und Annehmlichkeiten versprach, als daß ich hätte geneigt sein sollen, mich gegen sie zu sträuben. **B**evor wir in die Keller hinabsteigen, sei über »Port« und »Sherry« etwas vorausgeschickt. Beide Worte sind Kollektiva für alle möglichen Sorten süßen und feurigen Weins geworden. Unter all den hunderttausend Oxhoften Port und Sherry, die alljährlich in England getrunken werden, ist vielleicht kein einziger, zu dem Oporto und Xeres (Sherry ist eine Mißbildung dieses Wortes) ausschließlich und unvermischt den Saft ihrer Trauben beigesteuert haben. Die Küsten des mittelländischen Meeres liefern diese ungeheuren Weinmassen, die – wenn von *roter* Farbe – unter dem Namen Port, von *goldgelber*, unter dem Namen Sherry in die Welt geschickt werden. Die Keller der London-Docks sind übrigens schon das zweite Lager, das diese köstlichen Weine beziehen: zuerst begegnet man ihnen auf der Westküste von Sizilien, und zwar im Städtchen Marsala, wohin die aufkaufenden Engländer zunächst Ladung auf Ladung dirigieren, um von dort aus, je nach Bedürfnis, die englischen Keller zu speisen. Um sich von der Größe dieser sizilianischen Weinniederlagen einen Begriff machen zu können, führe ich das Faktum an, daß allein die alljährliche *Verdunstung* achttausend Gallonen beträgt. **A**ber lassen wir Marsala, und steigen wir heute in die Keller der *englischen* Docks. – Wir fahren ein wie in den Schacht eines Berges. Zwei rußige Burschen mit kleinen blakenden Lichtern schreiten uns vorauf. Nun denn: Glück auf und lustige Bergmannsfahrt! Was sollten wir nicht? *Unser* Gewinn ist sicher: der Port, wie flüssiger Rubin, wird bald in unsern Gläsern blinken. **W**ir sind unten: vor unsern erstaunten Blicken liegt eine Stadt. Wir haben schöne Sagen und Märchen, die von Städten auf dem Grunde des Meeres oder von Schlössern in der Tiefe unserer Berge sprechen – diese Wunder sind Wirklichkeit geworden. Über uns lärmt und wogt die City mit ihren hunderttausend Menschen, und hier unten dehnen sich gleicherzeit die erleuchteten, unabsehbar langen Straßen einer unterirdischen Stadt. Rechts und links wie Häuser liegen übereinandergetürmt die mächtigen Gebinde: jedes Faß – eine Etage. Wir sind in die eine Straße eingetreten und schreiten weiter. Alle fünfzig Schritt begegnen wir einer Quergasse, die, um kein Haar anders oder gar kleiner als die Straße, die wir gerade durchmessen, nach rechts und links hin sich endlos fortzieht. Immer weiter geht es: neue Gänge, neue Tonnen, neue Lichter, immer Neues, und doch immer das Alte wieder; unser Auge entdeckt nichts, das ihm als Merkmal, als Wegweiser aus diesem Labyrinthe dienen könnte, und eine namenlose Angst überkommt uns plötzlich. Wir denken an die Irrgänge des Altertums, an die römischen Katakomben, und ein unwiderstehliches Verlangen nach Luft und Licht erfaßt unser Herz. **A**ber schon ist die Heilung bei der Hand. »There's a first rate Sherry, sir! indeed, a very fine one«, so trifft es plötzlich unser Ohr, und schon der ruhigsichere Klang der Stimme überzeugt uns, daß kein Grund zur Furcht vorhanden. Den letzten Rest davon spült der Sherry fort. Mit unermüdlichem Diensteifer werden jetzt rechts und links die Fässer angebohrt: hier spritzt es wie ein Goldstrahl aus dem Faß hervor, dort strömt der blutrote Port ins Glas. Wir kosten und nippen, wie wenn es Nektar wäre; die rußigen Bursche aber schätzen's nicht höher wie abgestandenes Wasser und schütten das flüssige Gold an die Erde. Der Wein hat längst aufgehört, ihnen eine Himmelsgabe zu sein; sie teilen sich schweigsam, gewissenhaft in ihre Arbeit: der eine bohrt die Löcher, der andere verstopft sie, wozu er sich kleiner Holznägel bedient. – Wir mußten in diesen Kellern schon viele Vorgänger gehabt haben, denn der Boden manchen Fasses sah wahrlich aus wie die Sohle eines neumodisch-gestifteten Stiefels. **E**ine Stunde war um. Aus den unterirdischen Gassen stiegen wir lachend ans Tageslicht und schwankten in lautem Gespräch der Blackfriars-Brücke zu. Menschen und Häuser schienen uns zuzunicken, die finsteren Straßen waren wie verwandelt. – Ich habe die City von London so schmuck nicht wiedergesehn.

Ein Sommer in London

Der Asmannshäuser ist doch sehr Geschmackssache

Dann vom »Tempel« aus bergab nach »*Rüdesheim*«, an den Stellen vorbei, wo der Bischofsberger und *Hinterhäuser* (die beste Sorte) wächst und in Rüdesheim selbst im »Gasthaus zum Rhein« eine Flasche Rüdesheimer (Bischofsberger) ausgestochen. Oben auf dem Jagdschloß hatten wir Asmannshäuser getrunken. Der Rüdesheimer war sehr schön und nicht übermäßig stark; der Asmannshäuser aber, in aller seiner Glorie, ist doch sehr Geschmackssache. *Vor* Tische nippte ich ohngefähr einen Theelöffel voll, – es ging mir wie Feuer durchs Blut, nicht unangenehm, aber doch beängstigend, wenn man vorhat eine halbe Flasche davon zu trinken. Der ächte Asmannshäuser ist ganz dunkelroth, voll im Geschmack, gewürzhaft, vor allem aber adstringirend, so daß man freilich sagen darf, er schmeckt wie eine aromatische Tinte. Zum Verschneiden ist er gewiß vorzüglich, zum trinken unbrauchbar. Uebrigens wächst der Asmannshäuser nur an einer verhältnismäßig kleinen Stelle.

Tagebuch der Rheinreise 1865

Sherry, der alte Wohltäter

Wir gingen zu Tisch. Fisch und Fleisch machten nach englischer Sitte fast einzig und allein die Mahlzeit aus; zur Feier des Sonntags oder der Gäste halber war noch ein Reiskuchen gebacken, der hierzulande keine Gnade gefunden hätte, zusamt seines Stachelbeerkompotts, das sich nicht einmal der Appetitlichkeit rühmen konnte. Soviel zur Zufriedenstellung wißbegieriger Hausfrauen. Die Unterhaltung geriet anfänglich oft ins Stocken; meine Furcht vor Lächerlichkeiten, die der Sprachunkundige beim besten Willen nicht vermeiden kann, ließ mich den Einsilbigen spielen. Mein alter Wohltäter der Sherry aber, dem ich wacker zusprach, schlug alle Bedenklichkeiten bald aus dem Felde, und als ich mich gar der Gesellschaft, die aus lauter Unitariern bestand, in einem Religionsgespräch als Theist zu erkennen gab, hatt ich alsbald bei jung und alt einen Stein im Brette. Dem Sherry folgte Johannisbeer- und Ingwerwein, um mich mit Getränken bekannt zu machen, die in Deutschland zu den Seltenheiten gehören und mir wenigstens erst seit meinem Aufenthalt in England zur Kenntnis gelangt sind. Die Lebendigkeit der Tischgesellschaft wuchs, und als schließlich gar der Champagner schäumte, schwand selbst die Zurückhaltung der zaghaftesten Lady.

Erste englische Reise 1844

Die Werdersche, das märkisch-nationale Getränk

Unter einem Geplauder, das im wesentlichen uns die Notizen an die Hand gab, die wir vorstehend wiedererzählt, waren wir bis an eine Stelle gekommen, wo die große Straße nach links hin abbiegt und in ihrer Verlängerung auf die Brücke und demnächst auf die Insel führt. Genau an dem Kniepunkt erhob sich ein ausgedehntes Etablissement mit Betriebsgebäuden, hohen Schornsteinen und Kellerräumen, und der eben herüberwehende Malzduft ließ keinen Zweifel darüber, daß wir vor einer der großen Brauereien ständen, die der Stadt Werder auch nach *dieser* Seite hin eine Bedeutung gegeben haben. Es sind eben *zwei* Größen, die wir an dieser Stelle zu verzeichnen haben: in erster Reihe die »Werderschen«, in zweiter Reihe »die Werdersche«. Eine Welt von Unterschied legt sich in diesen einen Buchstaben n. Wie Wasser und Feuer im Schoße der Erde friedlich nebeneinander wohnen, solange ihr Wohnen eben ein *Neben*einander ist, aber in Erdbeben und Explosionen unerbittlich sich Luft machen, sobald ihr Nebeneinander ein Durcheinander wird, so auch hier. Den Erfahrenen schaudert. **D**ie Einheitlichkeit unserer Darstellung zu wahren, hätten wir vielleicht die Pflicht gehabt, die »Werdersche« zu unterschlagen und den »Werderschen« allein das Feld und den Sieg zu lassen, aber das Wort: die »Werdersche«, ist einmal gefallen, und so verbietet sich ein Rückzug. Ein Bierkapitel schiebt sich verlegen in das Obstkapitel ein. **D**ie Zeiten liegen noch nicht weit zurück, wo die »Weiße« oder, um ihr Symbol zu nennen, die »Stange« unsere gesellschaftlichen Zustände wie ein Dynastengeschlecht beherrschte. Es war eine weitverzweigte Sippe, die, in den verschiedenen Stadtteilen, besserer Unterscheidung halber, unter verschiedenen Namen sich geltend machte: die Weiße von Volpi, die Weiße von Clausing oder (vielleicht die stolzeste Abzweigung) einfach das Bier von *Bier*. Ihre Beziehungen untereinander ließen zuzeiten viel zu wünschen übrig, aber alle hatten sie denselben Familienstolz, und nach *außen* hin waren sie einig. Sie waren das herrschende

Geschlecht. **S**o gingen die Dinge seit unvordenklichen Zeiten; das alte Europa brach zusammen. Throne schwankten, die »Weiße« blieb. Sie blieb während der Franzosenzeit, sie blieb während der Befreiungsjahre, sie schien fester als irgendeine etablierte Macht. Aber schon lauerte das Verderben. **I**n jenen stillen Jahren, die der großen Aufregung folgten, wo man's gehenließ, wo die Wachsamkeit lullte, da geschah's. Eines Tages, wie aus dem Boden aufgestiegen, waren zwei Konkurrenzmächte da: die *Grünthaler* und die *Jostysche*. **J**etzt, wo sich ein freierer Überblick über ein halbes Jahrhundert ermöglicht, ist die Gelegenheit gegeben, auch ihnen gerecht zu werden. Es ist jetzt die Möglichkeit da, die Dinge aus dem Zusammenhange zu erklären, das Zurückliegende aus dem Gegenwärtigen zu verstehn. Beide Neugetränke hatten einen ausgesprochenen Heroldscharakter, sie waren Vorläufer, sie kündigten an. Man kann sagen: Berlin war für die Bayersche noch nicht reif, aber das Seidel wurde bereits geahnt. Die Grünthaler, die Jostysche, sie waren eine Kulmbacher von der milderen Observanz; die Jostysche, in ihrem Hange nach Milde, bis zum Koriander niedersteigend. Beide waren, was sie sein konnten. Darin lag ihr Verdienst, aber doch auch ihre Schwäche. Ihr Wesen war und blieb – die Halbheit. Und die Halbheit hat noch nie die Welt erobert, am wenigsten Berlin. **S**o herrschten denn die alten Mächte vorläufig weiter. Aber nicht auf lange. Die Notwendigkeit einer Wandlung hatte sich zu fühlbar herausgestellt, als daß es hätte bleiben können, wie es war. Die Welt, wenn auch nach weiter nichts, sehnte sich wenigstens nach Durchbrechung des Monopols, und siehe da, was den beiden Vorläufern des Seidels nicht hatte glücken wollen, das glückte nunmehr, in ebendiesen Interregnumstagen, einer *dritten* Macht, die, an das Alte sich klug und weise anlehnend, ziemlich gleichzeitig mit jenen beiden ins Dasein sprang. **D**iese dritte Macht (der Leser ahnt bereits, welche) hatte von vornherein den Vorzug, alles Fremdartigen entkleidet, auf unserem Boden aufzutreten; – märkisch national, ein Ding für sich, so erschien die *Werdersche*. Sie war dem Landesgeschmack geschickt adaptiert, sie stellte sich einerseits in Gegensatz gegen die Weiße und hatte doch wiederum so viel von ihr an sich, daß sie wie zwei Schwestern waren, dasselbe Temperament, dasselbe prickelnde Wesen, im übrigen reine Geschmackssache: blond oder braun. In Kruken auftretend und über dreimal gebrauchten Korken eine blasse, längst ausgelaugte Strippe zu leichtem Knoten schürzend, war sie, die Werdersche, in ihrer äußerlichen Erscheinung schon, der ausgesprochene und bald auch der glückliche Konkurrent der älteren Schwester, und die bekannten Kellerschilder, diese glücklich-realistische Mischung von Stilleben und Genre, bequemten sich mehr und mehr, neben der blonden Weißen die braune Werdersche ebenbürtig einzurangieren. Die Verhältnisse, ohne daß ein Plan dahin geleitet hätte, führten über Nacht zu einer Teilung der Herrschaft. Die Werdersche hielt mehr und mehr ihren Einzug über die Hintertreppe; in den Regionen der Küche und Kinderstube erwuchs ihr das süße Gefühl, eine Mission gefunden und erfüllt zu haben; sie wurde *Nahr*bier in des Wortes verwegenster Bedeutung, und das gegenwärtige Geschlecht, wenn auch *aus zweiter Hand erst,* hat Kraft und Leben gesogen aus der »Werderschen«. **D**essen seien wir gedenk. Das Leben mag uns losreißen von unserer Amme; aber ein Undankbarer, der sie nicht kennen will oder bei ihrem Anblick sich schämt.

Havelland

Vierraden. Uckermärkisch Blatt.
Sie war, zu schließen nach meinem Weh,
Höchstens aus der Kastanien-Allee,
Sie war nicht gesauct, sie war gejaucht,
Und ich habe seitdem nicht wieder geraucht.

Der knurrende Magen ist ein gefährlicher Rebell

Abendbrot und Souper

Ich werde diesen Abend-Reunions mit Majonnaise und Kaiser-Wilhelm-Torte immer abgeneigter ...

An Mathilde von Rohr, Berlin, 20. April 1875

Ich will mich nun anziehn und meinen Abendspaziergang zwischen den Kornfeldern machen ... Beste Grüße an Anna, deren Wirsingkohl und Abendaufschnitt ich ersehne.

An Tochter Mete, Neubrandenburg, 13. Juli 1897

Herrenabend mit Oderkrebsen

Das Zimmer war dasselbe, in welchem Corinna, am Tage zuvor, den Besuch der Kommerzienrätin empfangen hatte. Der mit Lichtern und Weinflaschen gut besetzte Tisch stand, zu vieren gedeckt, in der Mitte; darüber hing eine Hängelampe. Schmidt setzte sich mit dem Rücken gegen den Fensterpfeiler, seinem Freunde Friedeberg gegenüber, der seinerseits, von seinem Platz aus, zugleich den Blick in den Spiegel hatte. Zwischen den blanken Messingleuchtern standen ein paar auf einem Bazar gewonnene Porzellanvasen, aus deren halb gezahnter, halb wellenförmiger Öffnung – dentatus et undulatus, sagte Schmidt – kleine Marktsträuße von

Goldlack und Vergißmeinnicht hervorwuchsen. Quer vor den Weingläsern lagen lange Kümmelbrote, denen der Gastgeber, wie allem Kümmlichen, eine ganz besondere Fülle gesundheitlicher Gaben zuschrieb. **D**as eigentliche Gericht fehlte noch, und Schmidt, nachdem er sich von dem statutarisch festgesetzten Trarbacher bereits zweimal eingeschenkt, auch beide Knusperspitzen von seinem Kümmelbrötchen abgebrochen hatte, war ersichtlich auf dem Punkte, starke Spuren von Mißstimmung und Ungeduld zu zeigen, als sich endlich die zum Entree führende Tür auftat und die Schmolke, rot von Erregung und Herdfeuer, eintrat, eine mächtige Schüssel mit Oderkrebsen vor sich her tragend. »Gott sei Dank«, sagte Schmidt, »ich dachte schon, alles wäre den Krebsgang gegangen«, eine unvorsichtige Bemerkung, die die Kongestionen der Schmolke nur noch steigerte, das Maß ihrer guten Laune aber ebensosehr sinken ließ. Schmidt, seinen Fehler rasch erkennend, war kluger Feldherr genug, durch einige Verbindlichkeiten die Sache wieder auszugleichen. Freilich nur mit halbem Erfolg. **A**ls man wieder allein war, unterließ es Schmidt nicht, sofort den verbindlichen Wirt zu machen. Natürlich auf seine Weise. »Sieh, Distelkamp, dieser hier ist für dich. Er hat eine große und eine kleine Schere, und das sind immer die besten. Es gibt Spiele der Natur, die mehr sind als bloßes Spiel und dem Weisen als Wegweiser dienen; dahin gehören beispielsweise die Pontacapfelsinen und die Borsdorfer mit einer Pocke. Denn es steht fest, je pockenreicher, desto schöner … Was wir hier vor uns haben, sind Oderbruchkrebse; wenn ich recht berichtet bin, aus der Küstriner Gegend. Es scheint, daß durch die Vermählung von Oder und Warthe besonders gute Resultate vermittelt werden. Übrigens, Friedeberg, sind Sie nicht eigentlich da zu Haus? Ein halber Neumärker oder Oderbrücher.« Friedeberg bestätigte. »Wußt es; mein Gedächtnis täuscht mich selten. Und nun sagen Sie, Freund, ist dies, nach Ihren persönlichen Erfahrungen, mutmaßlich als streng lokale Produktion anzusehen, oder ist es mit den Oderbruchkrebsen wie mit den Werderschen Kirschen, deren Gewinnungsgebiet sich nächstens über die ganze Provinz Brandenburg erstrecken wird?« »Ich glaube doch«, sagte Friedeberg, während er durch eine geschickte, durchaus den Virtuosen verratende Gabelwendung einen weiß und rosa schimmernden Krebsschwanz aus seiner Stachelschale hob, »ich glaube doch, daß hier ein Segeln unter zuständiger Flagge stattfindet und daß wir auf dieser Schüssel wirkliche Oderkrebse vor uns haben, echteste Ware, nicht bloß dem Namen nach, sondern auch de facto.« »De facto«, wiederholte der in Friedebergs Latinität eingeweihte Schmidt, unter behaglichem Schmunzeln. Friedeberg aber fuhr fort: »Es werden nämlich, um Küstrin herum, immer noch Massen gewonnen, trotzdem es nicht mehr das ist, was es war. Ich habe selbst noch Wunderdinge davon gesehen, aber freilich nichts in Vergleich zu dem, was die Leute von alten Zeiten her erzählten. Damals, vor hundert Jahren, oder vielleicht auch noch länger, gab es so viele Krebse, daß sie durchs ganze Bruch hin, wenn sich im Mai das

Überschwemmungswasser wieder verlief, von den Bäumen geschüttelt wurden, zu vielen Hunderttausenden.« »Dabei kann einem ja ordentlich das Herz lachen«, sagte Etienne, der ein Feinschmecker war. »Ja, hier an diesem Tisch; aber dort in der Gegend lachte man nicht darüber. Die Krebse waren wie eine Plage, natürlich ganz entwertet und bei der dienenden Bevölkerung, die damit geatzt werden sollte, so verhaßt und dem Magen der Leute so widerwärtig, daß es verboten war, dem Gesinde *mehr* als dreimal wöchentlich Krebse vorzusetzen. Ein Schock Krebse kostete einen Pfennig.« »Ein Glück, daß das die Schmolke nicht hört«, warf Schmidt ein, »sonst würd ihr ihre Laune zum zweiten Male verdorben. Als richtige Berlinerin ist sie nämlich für ewiges Sparen, und ich glaube nicht, daß sie die Tatsache ruhig verwinden würde, die Epoche von ›ein Pfennig pro Schock‹ so total versäumt zu haben.« »Darüber darfst du nicht spotten, Schmidt«, sagte Distelkamp. »Das ist eine Tugend, die der modernen Welt, neben vielem anderen, immer mehr verlorengeht.«

Frau Jenny Treibel

Eldorado für Krebs-Esser

In großer Fülle lieferte die Bruchgegend *Krebse*, die zuzeiten in solchem Überfluß vorhanden waren, daß man zu Colerus' Zeiten, ausgangs des sechzehnten Jahrhunderts, sechs Schock schöne, große Krebse für sechs Pfennige meißnerischer Währung kaufte. Zu Küstrin wurde von 100 Schock durchgehender Krebse ein Schock als Zoll abgegeben, bei welcher Gelegenheit der vorerwähnte Colerus versichert, daß dieser *Zoll* in einem Jahre 325 000 Schock Krebse eingetragen habe. Danach wären denn bloß in dieser einen Stadt in einem Jahre 32½ Millionen Schock Krebse versteuert worden. Im Jahre 1719 war das Wasser der Oder, bei der großen Dürre, ungewöhnlich klein geworden; Fische und Krebse suchten die größten Tiefen auf, und diese wimmelten davon. Da das Wasser aber von der Hitze zu warm wurde, krochen die Krebse aufs Land ins Gras oder wo sie sonst Kühlung erwarteten, selbst auf die Bäume, um sich unter das Laub zu bergen, von welchen sie dann wie Obst herabgeschüttelt wurden.

Das Oderland

Imbiß in der Poggenpuhlschen Küche

»Ja, Friederike«, sagte jetzt Leo, als er, einen Küchenstuhl heranrückend, sich über die Lehne desselben beugte, »Mama schickt mich zu dir und hat sogar von Abendbrot gesprochen. Wie steht es eigentlich damit? Ich habe Hunger und danke Gott für alles. Und dir auch.« »Ja, junger Herr, viel is es nich.« »Na, was denn?« »Nun, eine Boulette von gestern mittag und ein paar eingelegte Heringe mit Dill und Gurkenscheiben. Und dann noch ein Edamer. Aber von dem Edamer is bloß noch sehr wenig. Und dann kann ich Ihnen vielleicht noch einen Tee aufgießen. Das Wasser bullert ja noch.« »**N**ein, Friederike, Tee nicht. Was soll man damit? Aber das andre ist gut, und ich werde gleich hier bleiben, gleich hier in der Küche. Mama ist müd und angegriffen, und du kannst mir dann auch was von den Mädchen erzählen. Sie schreiben mir immer, Manon immer vier Seiten, aber es steht nicht viel drin. Wie geht es denn eigentlich?« ... **U**nter diesen Worten begann Friederike die herumstehenden Teller und Gläser abzuräumen und setzte dafür den halben Edamer, der eigentlich nur noch eine rote Schale war, auf den Tisch. Aber das tat nichts. Leo hatte schon sein kleines Taschenmesser, weil ihm das am handlichsten war, herausgenommen und schabte damit die guten Stellen mit vieler Geschicklichkeit heraus, immer versichernd, daß, wenn man noch was fände, wo eigentlich nichts mehr zu finden sei, das sei jedesmal das beste und darin läge auch was Sinniges. »Ja, Friederike, so muß man leben, immer so die kleinen Freuden aufpiken, bis das große Glück kommt ...« »**J**a, wenn es bloß kommt ...« »**U**nd wenn es nicht kommt, dann hat man wenigstens die kleinen Glücke gehabt.« **U**nd dabei setzte er den ausgehöhlten Edamer auf seinen linken Zeigefinger und drehte ihn erst langsam und dann immer rascher herum, wie einen kleinen Halbglobus. »**S**ieh, das hier oben, das ist die Nordhälfte. Und hier unten, wo gar nichts ist, da liegt Afrika.«

Die Poggenpuhls

Abendbrot in Krummhübel

Vielmehr wurde nun ein gemeinschaftlicher Spaziergang nach dem Waldhause gemacht und von dort aus über Wolfshau etc. zu Exner zurück. Unterwegs waren à la Wietersheims Pilze gesammelt worden: Ziegenbart und große Pfefferlinge, die in der Exnerschen Küche zu einem Abendbrot hergerichtet wurden; Beefsteaks und Schinkenstullen waren aber die Hauptsache. Ich trank nur ein paar Schnäpse, da ich mir meine saure Milch etc. nicht verderben wollte.

An Frau Emilie, 2. September 1885

Kleßner Edelaal

Eins der Bredow-Güter – dicht bei Görne gelegen, wo Gräfin Adele Bredow-Görne hauste, deren Zusendungen Sie schwerlich entgangen sein werden – heißt Kleßen, und dies Kleßen hat einen See, natürlich den Kleßner See. Der ist nun ein eigentümlich feines Ding. Alle sonstigen Seen des Havellandes sind Sumpf und Moor, und nur der Kleßner See hat Sand und Kalk (wie der Limfjord), so daß sein Wasser durchsichtig ist und man bis auf den Grund sehen kann. In diesen See senden nun die sumpfigen Nachbargewässer dann und wann etwas von ihrem Fischreichtum, Aale, Schleie, Bleie, sämtlich moorig, weil sie bis dahin unter schmutzigen Moorverhältnissen gelebt haben. Kaum aber in den Kleßener See getreten, beginnt das Purgatorium, der Reinigungs- und Veredlungsakt all dieser Rowdies und Kommißknüppel, und eh ein halb Jahr um ist, ist aus dem Moor-Aal ein Edel-Aal geworden, der 4fach höher im Preise steht und sein geläutertes Leben, wenn nicht bei Hofe, so doch niedrigstens bei Borchardt oder Dressel beschließt. Ich habe in Kleßen ein Stück von solchem Aal gegessen, an dem nichts Gemeines mehr war, ausgenommen seine kolossale Dicke. Denn das Edle muß auch immer schlank sein. Bismarck z. B. konnte nicht edel werden.

An Julius Rodenberg, Berlin, 11. Juni 1889

Akademie des Buttermachens

Die Gewinnung guter Milch und Butter war von Anfang an ein Hauptzweck gewesen, und es wurde demgemäß eine förmliche Lehranstalt für die Kunst des Butterns und Käsemachens eingerichtet, wohin die Beamten der kurmärkischen Ämter eine Anzahl von Bauerntöchtern, für deren gute Führung sie verantwortlich waren, als Mägde zu schicken hatten. Diese Mägde wurden während eines zweijährigen Dienstes in allem Nötigen unterwiesen. Dann mußten sie ohne Hülfe der Holländerin eine Probe guter Butter bereiten, die der König selbst zu prüfen nicht verschmähte. Fiel die Prüfung zugunsten der betreffenden Magd aus, so verlieh ihr der König einen Brautschatz im Betrage von 100 Talern. Diese Einrichtung hat bis zum Tode des Königs bestanden und zu ihrer Zeit reiche Früchte getragen, die noch heutzutage nachwirkend sind. Auch Friedrich II. widmete dem Amte Königshorst eine besondere persönliche Aufmerksamkeit. Anfänglich ließ er den größten Teil der dortigen Ländereien zu Fettweiden benutzen, um die Einfuhr von ausländischem Schlachtvieh für den Berliner Markt entbehrlich zu machen; in späteren Regierungsjahren aber kehrte er ganz zu dem Benutzungsplan des Gründers von Königshorst zurück und stellte das von seinem Vater begründete Lehrinstitut als »eine« – wie der König in einem Erlaß vom 13. Mai 1780 sich ausdrückte – »ordentliche Akademie des Buttermachens« wieder her. Bis diesen Tag gilt die Königshorster Butter (Horstbutter) in Berlin als die beste. Eins fehlt ihr vielleicht – das *Aroma*. Das Luchgras, was immer auch die Kultur zu seiner Verbesserung getan haben mag, kann nicht wetteifern mit dem süßen, saftigen, kräuterreichen Gras der Nordsee-Marschen. Noch weniger ist es geglückt, das Sandland der alten *Horsten* (Sandstellen im Sumpf) zu einem fruchtbaren Boden umzugestalten; nur mühsam wird das Getreide gewonnen, das zum Unterhalt des Viehstandes nötig ist. Von der Bedeutung jener Entwässerungsarbeiten aber, die durch König Friedrich Wilhelm I. eingeleitet wurden, wird man sich am ehesten eine Vorstellung machen können, wenn man erfährt, daß die Gesamtlänge der im Luche befindlichen Gräben und Kanäle über einundsiebzig Meilen beträgt.

Havelland

Souper im Jagdhaus Dreilinden

In einem schon vorzitierten B. Möllhausenschen Gedicht feiert der Dichter den Prinzen als Jagdherrn und Feldherrn, aber im weitren Verlauf auch als »Gastfreund von Dreilinden« und bringt ihm dadurch eine Huldigung dar, die seinem Liede nicht fehlen durfte. Denn so gewiß die Dreilindner Tage die weid- und forstmännische Signatur trugen, so gewiß auch die gastliche. Ja, der Prinz war ein *Gastfreund*. Ein eigen Wort, unmodisch und obsolet fast, weil auch *das* obsolet wurde, was diesem Worte zur Voraussetzung dient: die Gastfreundschaft. Die schöne Gastlichkeitstugend aus Morgenland ist der abendländischen Welt, etwa mit Ausnahme von England und Skandinavien, abhanden gekommen, und wenn dies (wie übrigens kaum anzunehmen) optimistisch bestritten werden sollte, so wird doch *das* nicht bestritten werden können, daß in Mark Brandenburg und seiner Landeshauptstadt eine der traurigsten Heimstätten alles dessen, was »Gastfreundschaft« heißt, erkannt werden muß. Behufs Beweisführung ist es nur nötig, das eine Wort »Logierbesuch« auszusprechen, das, anscheinend von durchaus unschuldiger Bedeutung, im Ohr aller Eingeweihten als Schreckenswort umgeht. **I**n der Tat, Mark Brandenburg hat wenig Gastfreundschaft und noch weniger einen »Gastfreund«; im Jagdhause zu Dreilinden aber fanden sich *beide*. Während der Monate, die der Prinz hier zubrachte, und am ausschließlichsten wohl in den Spätherbstmonaten, war jeden zweiten Tag eine »Dreilindner Tafelrunde« versammelt, deren Paladine den verschiedensten Lebens- und Berufskreisen, aber doch vorzugsweise dem Kreise der Berliner und Potsdamer Garnison angehörten.

*

So die »Tafelrunde« zu Dreilinden. **U**nd nun die Tafel selbst! **I**ch habe gleich zu Beginn dieses Aufsatzes ein Bild derselben zu geben versucht, aber freilich nur nach Art eines dissolving view, weshalb es mir in nachstehendem obliegen wird, das eingangs bloß im Fluge Berührte hier näher auszuführen. **O**ben am Treppenausgang erwartete der Prinz die Geladenen, an jeden ein freundliches Wort der Begrüßung richtend. In einem Vorzimmer, wohl nach schwedischer Sitte, ward ein Imbiß, ein Vorschmack, genommen, und eine mit dem Liqueur-ABC, also mit Allasch, Benediktiner und Chartreuse, beginnende Batterie, die sich über den Rest des Alphabets hin bis zu Maraschino die Zara fortsetzte, stand zu diesem Behufe zur Wahl. Eine kurze Konversation, mehr ein Fragen als ein Sprechen, leitete sich ein, in deren Verlauf der zum erstenmal Erschienene sich aufgefordert sah, seinen Namen in das Fremdenbuch von Dreilinden einzutragen. Eine Durchsicht desselben, jeder Jahrgang ein Band, würde gleichbedeutend gewesen sein mit einer Revue berühmter Namen, wenigstens auf manchem seiner Blätter; aber die Zeit dazu blieb der Neugier versagt, denn im selben Augenblick, wo wir die Fremdenbuchfeder wieder niederlegten, öffneten sich auch schon die Türen zu dem eingangs [...] geschilderten Eßsaale, von dessen Decke der große Geweihkronleuchter herniederhing und den Glanz seiner 66 Lichter über den quadratischen, zu zwölf gedeckten und mit Polstersesseln umstellten Eßtisch ausstrahlte. Rechts und links hin blinkende Humpen und Aufsatzstücke. Die dem Range nach Zuhöchststehenden nahmen die Plätze neben dem Prinzen ein, womit das Zeremoniell erschöpft und für die noch verbleibenden Sitze die Gleichwertigkeit ausgesprochen war. Eine Menukarte lag *vor* oder *neben* jedem Couvert, aber nicht in dem herkömmlichen Westentaschenformat, sondern als ein *großes,* in Buntfarbendruck sauber und sinnig ausgeführtes Blatt, das zu besitzen und seinem Album daheim einverleiben zu dürfen ebensosehr Begehr wie Brauch war. Das Blatt selbst aber zeigte das »Jagdhaus«, von Efeu und Weinblatt umrankt, in dessen Gezweige die typischen Gestalten aus der Tafeldienstsphäre von Dreilinden standen: der Heiduck, der Jäger, der den Fasan, und endlich der butler und Kellermeister, der das Spitzgläsertablett mitsamt dem Champagner präsentierte.

Fünf Schlösser

Berliner Teeabend bei Mathilde von Rohr

Noch zwei-, dreimal wurde die Klingel gezogen und ehe neuneinhalb Uhr heran war, waren alle Geladenen einander vorgestellt und die Tür zum Nebenzimmer ging auf. Jeder seine Dame führend, traten wir ein. Hier war es nun wirklich allerliebst. Das Zimmer niedrig, aber doch doppelt so groß als das Empfangszimmer, Lampen und Blumen auf dem Tisch, alles blinkend von Silber und weißestem Linnen. Wir waren alles in allem acht Personen: Major von Haeseler und Frau, Herr von Hünecke und Frau, ein Fräulein Wißling (das Teefräulein der Gräfin Schwerin), dann Fräulein von Rohr selbst, Lepel und ich. Alles steht mir noch in voller Deutlichkeit vor Augen und auch das Gespräch ist mir, wenn nicht in seinem Wortlaute, so doch in seinem Inhalte noch so gegenwärtig, als ob es gestern geführt worden wäre. Man war sehr heiter, alles wohlwollend und die Verpflegung vorzüglich, namentlich auch der Tee, was man damals nicht von allen Berliner Teeabenden sagen konnte. Wir hatten zu Kaviar- und Sardellenbrötchen einen kalten Braten, einen Reh- oder Hammelrücken, den Trieplatz oder irgendein befreundetes Gut in Havelland oder Ruppin geliefert hatte. Zum Schluß kam dann ›Götterspeise‹, die ihrem Namen Ehre machte; sie bestand aus in Rum oder Kognak getränkten Biskuitscheiben, Himbeerkompott und Schlagsahne, welche dreifache Schicht sich dreimal wiederholte. Zum Schluß wurden Apfelsinen zurechtgemacht, aber während wir unter Andauer dieser harmlosen Beschäftigung bemüht waren, unser Gespräch, das sich meist um Theater und die mit den Haeselers befreundete Familie Hülsen drehte, fortzusetzen, war es ganz ersichtlich, daß sich unserer liebenswürdigen Wirtin eine gewisse Unruhe bemächtigte, die von Minute zu Minute wuchs und sich namentlich auch in ihren auf die jedesmalige Frage nicht mehr recht passenden Antworten zu erkennen gab. Dabei sah sie immer eindringlicher nach der Stutzuhr ihr gegenüber, auf der ein goldener Saturn mit Urne lag, bis sie zuletzt die Konversation kurz abschnitt, indem sie kategorisch bemerkte: ›Die Herren werden jetzt etwas lesen.‹ Nun schwieg alles, während sie selbst unter einer kleinen Verbeugung fortfuhr: ›Herr von Lepel und Herr Theodor Fontane wollen nämlich die Güte haben, uns eine von ihnen herrührende ‹Terzine› zu lesen.‹ Ich wollte, weil ich glaubte, daß sich das Fräulein versprochen habe, die Sache richtig stellen, Lepel aber warf mir einen groteskernsten Blick zu, der mich verstummen machte, während das Fräulein unbefangen hinzusetzte: ›Diese Strophen bilden nämlich eine Art Rede und Gegenrede, wie zwei Advokaten, von denen jeder seine Sache verteidigt. Wie lautet doch das Thema?‹

Mathilde von Rohr

Angriff auf den Hummerschwanz

Die Gesellschaft bei Sternheims war neulich sehr nett. Bei Tische wurde mir zum 2. Male eine Hummerspeise präsentirt und ich nahm mir einen kleinen Hummerschwanz, weil ich das erste Mal nur eine ganz kleine Scheere gekriegt hatte. Ich glaubte, Ida sei die Präsentirende und begleitete deshalb meinen Angriff auf den Hummerschwanz mit einer vertraulichen Entschuldigungsrede, begegnete aber einem so eisigen Schweigen, daß ich die Kälte im Nacken fühlte und mich umdrehte. Da stand denn eine ganz fremde Person hinter mir, die offenbar dachte, ich sei ein Imbecile. Wenige Tage vorher harrte meiner im Thiergarten eine ähnliche Ueberraschung. Ich hatte meinen Stock in den Rücken gelegt und von hinten her (es war schon dunkel) lief jemand gegen das links vorragende Stück. Ich wollte mich entschuldigen, weil man den Stock nicht so tragen darf, aber im Augenblick wo ich mich wandte, starrte ich in das schwarze Gesicht eines Mohren, der, trotz seiner Abstammung aus Kamerun oder Dar-es-Salaam, im dialektfreisten Deutsch sagte: ›entschuldigen Sie, mein Herr.‹ Es hatte was Gespenstisches, so zwischen Königin Luise und Fr. Wilh. III. mit'm Riester.

An Tochter Mete, Berlin, 16. Februar 1894

Abneigung gegen »Gesellschaftsrennerei«

Das Fest, wie auch meinen Geburtstag, verbrachten wir still zu Haus; ein wahres Glück; ich habe nicht die geringste Neigung mehr in großen oder kleinen Gesellschaften umherzustehn, erst mit dem Hut und nachher mit einer Tasse Thee in der Hand, allerlei gleichgültiges und dummes Zeug zu hören oder was noch schlimmer ist selber zu sprechen und sich schließlich an einer Majonnaise den Magen zu verderben. Das ist für junge Leute oder für Offiziere und Geheimräthe, die dergleichen mit Recht als ›Dienst‹ ansehn. Ich bin ›außer Dienst‹ und will wie den Schaden auch den Vortheil davon haben.

An Mathilde von Rohr, Berlin, 2. Januar 1884

Hilfe bei »verlatschtem Magen«

Gute Verdauung ist besser als eine Million – Fontane als Hausarzt

Morgen Abend werden alle unter dem Christbaum versammelt sein und zwei Stunden später den durch Pfefferkuchen und Marzipan verlatschten Magen mit Hülfe des herkömmlichen Heringssalates wieder in Ordnung bringen.

An Mathilde von Rohr, Berlin, 23. Dezember 1876

Kein Fresser von Fach

Die Luft beginnt ihre gute Wirkung zu äußern, d. h. ich werde appetitlos, woran ich recht sehe, daß ich kein Fresser von Fach bin, sondern in Berlin das viele Schinkenfutter nur brauche, um meine Nerven in einigermaßen leidlicher Verfassung zu halten. So wie ich Ozon habe, brauche ich weiter nichts und lebe von der Luft. Gestern 3 kl. Zwieback zum Kaffe, Diner für 9 Sgr, 1 Tasse Kaffe, 2 Tassen Thee mit einem kleinen Stückchen Brot, c'est tout. Frau Schreiber schickte mir 4 Stückchen Brot, ich schickte aber 3 zurück, weil ich nicht ohne Noth mehr essen wollte als nöthig. Auf diese Weise komme ich wieder in Ordnung und werde die kleinen Leber- und Gallen-Beschwerden los.

An Frau Emilie, Krummhübel, 3. Juni 1885

Brauneberger statt Champagner

Mit mir geht es etwas besser, aber immer noch nicht gut, was ich unter anderm auch *daran* sehe, daß ich noch immer keine Lust habe, beim Prinzen Champagner zu trinken; gäb' es statt des Champagners Schwarzhof- oder Brauneberger und statt der Parmesan-stangen Kümmelbrötchen, so hätt' ich mich vielleicht schon wieder gesund gemeldet.

An Tochter Mete, Berlin, 17. Februar 1882

Nervosität

Nervöse Menschen stellen alles auf den Kopf und können sich einen verdorbenen Magen durch Hummersalat oder Aalpastete kurieren, immer vorausgesetzt, daß sie plötzlich einen Heißhunger auf das eine oder andre kriegen. Was sie vor allem brauchen ist Sonnenschein, Liebe, Glück, aber jeden Tag anders, jeden Tag neu, und wenn sich das alles wie beim Koch oder Apotheker bestellen ließe, so wären die nervösen Leute nicht blos die nettesten und heitersten, sondern auch die *gesundesten.*

An Tochter Mete, Berlin, 17. Februar 1882

Cognac statt Medizin

Mama dagegen ist noch sehr herunter, wiewohl seit gestern Mittag auch ein besserer Zustand eingetreten ist. Diese Wandlung zum Beßren verdanken wir der Cognacflasche; die Medizin etc. versagte völlig. Es muß in solchen Fällen recht langweilig sein Arzt zu sein, überhaupt, mit Ausnahme des Chirurgischen.

An Tochter Mete, Berlin, 22. März 1892

Bei Appetitlosigkeit

Schon während der letzten Karlsbader Tage war ihr nicht wohl und die Reise, neun schreckliche Stunden trotzdem alles gut ablief, that ihr völlig den Dampf. Sie wird sich aber schnell erholen, denn Obstruktionen und Appetitlosigkeit, an denen sie litt, werden bei Bohnen und Hammelfleisch, nach denen sie eine großartige Sehnsucht hatte, rasch hinschwinden.

An Tochter Mete, Berlin, 12. September 1895

Guter Thee, aber selfmade

Leider kann ich von hier aus auch kein Spürchen von Trost spenden; – Schicksal, nimm deinen Lauf. Ihr müßt beide alles über Euch ergehen lassen, wie auch die Würfel fallen; gurgelt nur, was das Zeug halten will, und nehmt alle paar Stunden von 11 oder 12 Uhr an einen tüchtigen Schluck Rotwein. Und ein Glas guten Tee, aber selfmade, und ohne Milch, nur mit etwas Cognac. Und nur essen, worauf Ihr lebhaftesten Appetit habt, sonst lieber gar nichts.

An Tochter Mete, Karlsbad, 13. Juni 1896

Festfreude durch Festkuchen?

Unter einem glücklicheren Stern stand die Backwoche, wo mit Pfeffer- und Zuckernüssen begonnen und mit Brezeln, Kranz- und Blechkuchen aufgehört wurde. Wir durften nicht nur mit in die Backstube hinein, darin es, überaus anheimelnd, nach bitteren Mandeln und geriebener Zitrone roch, sondern erhielten auch, als Weihnachtsvorschmack, eigens für uns Kinder gebakkene kleine Wecken, alles reichlich zugemessen. »Ich weiß«, sagte meine Mutter, »daß sie sich den Magen daran verderben, aber das ist besser, wie wenn sie knapp gehalten werden. Sie sollen, all diese Zeit über, eine Festfreude haben, und die bringt ihnen ein Festkuchen am besten bei.« Es hat was für sich, und bei ganz robusten Kindern mag es das unbedingt Richtige sein. Aber so robust waren wir doch nicht, daß es für uns so ohne weiteres gepaßt hätte. Mir war denn auch, um Weihnachten herum, immer sehr weinerlich zumute.

Meine Kinderjahre

Infernale Wirkung frischer Semmeln

Die Fahrt von Fröttstädt hieher in einem char à bancs war sehr angenehm, und hatte ich die Genugtuung, meine Haus- und Wirtswahl belobt zu sehen, was mir um so wohler tat, als man als Ehemann auf solchen Ausgang nie mit Bestimmtheit rechnen kann. Im Gegenteil. Es wurde ein idyllisches Mahl eingenommen: Erdbeeren mit Milch, frische Eier mit beinah rötlichem Dotter, Schwarzbrot und Butter, dazu Wasser aus dem Thilo-Brunnen; die Kinder machten ihre ersten Kletterversuche, und alles schien eine Reihe glücklicher Tage zu versprechen. Aber »o Menschenherz, was ist dein Glück«, und siehe da, schon zwei Stunden später begrüßte ich die ersten Anzeichen von der Dauerlosigkeit menschlichen Hochflugs. Icarus Noel war der Sonne zu nahe gekommen, und die Wachsflügel begannen zu schmelzen. Station Halle war an meiner Penelope, die diesmal, statt treu zu warten, treu erwartet worden war, nicht spurlos vorübergegangen, und zwei, um 5 Uhr früh genossene, eben heiß aus dem Ofen gekommene Semmeln begannen ihre infernale Wirkung zu üben. Die ersten verschämten Erklärungen darüber klangen noch ziemlich harmlos. »Es steht mir vor der Brust« oder »es stößt mir das Herz ab« sind Wendungen, die einen alten Seebefahrenen, der 23 Jahre lang den Ozean weiblicher Anfälle durchschifft, nicht allzu sehr aus der Fassung bringen; sie stehen auf Höhe jenes unenträtselten Zustandes, wo sich bei männlichen Individuen »die Hämorrhoiden auf die Brust werfen«.

Eine Abzweigung der Sommerfeldtschen Hausapotheke war mit auf die Reise genommen worden, und so suchte ich den bösen Geist durch Senfspiritus und Baldriantropfen zu bannen. Aber ich mußte bald gewahr werden, daß ich es hier nicht »mit den Kleinen von den Meinen«, sondern mit dem höllischen Meister selbst zu tun hatte, und so alle Beschwörungsformeln durchgehend, schritt ich vor bis zur Tinctura Opii crocata. »Incubus, Incubus, tritt hervor und mache den Schluß.« Diesem Zeichen unterwarf er sich endlich, aber doch nur knurrend, ein Knurren, das beiläufig drittehalb Tage anhielt und von den üblichen Erscheinungen, die sich durch Unruhe, rasches Aufstehn und plötzliches Verschwinden zu erkennen geben, bis zuletzt begleitet war. Dann wölbte Iris ihren Bogen, und der Friede war wieder da. Leider hatten sich all diese Zeit über mehrere alte Sprüchwörter wieder neu bewährt, und neben dem Lager der Herrin stand das Bett der Dienerin. Pech kommt nicht allein; »it does'nt come singlehanded, it comes in battallions.« Luise humpelte, legte sich und lag vier Tage. Nachdem wir zwischen Röse, Rotlauf und Furunkel längere Zeit geschwankt und zwischen Pappelsalbe und Bohnenmehl unsre Aufmerksamkeit gewissenhaft geteilt hatten, erschien endlich ein angeschnapster Dorfbarbier, angetan mit einer Ledertasche und der ganzen Dezidiertheit seines Geschlechts. Er stellte eine Diagnose, um die ihn Bedlam und Zehlendorf hätten beneiden können, und setzte Schröpfköpfe, die ebenso verständig waren, wie das Räsonnement unverständlich gewesen war. In der

Regel ist es umgekehrt. Das Blut floß, die Geschwulst fiel, und unser Barometer stieg wieder. Gestern konnte bereits die erste Brühsuppe gekocht, der erste Eierkuchen gebacken werden. Das Leben lacht seitdem wieder, und der Glaube an eine sittliche Weltordnung hat sich neu belebt.

An Zöllners, Kabarz bei Waltershausen, 14. Juli 1873

Achtundvierzigstündiges Hungern

Was Dein Unwohlsein angeht, so können wir uns mit Gegenseitigkeit trösten, nur ist es keine Nerven-Affektion was mich heimgesucht hat, sondern ganz einfach ein colossal verdorbner Magen, der schließlich bei dieser schandbaren Küche nicht ausbleiben konnte. Immer Lachs und Hammel, und Hammel und Lachs ist an und für sich kaum auszuhalten, sind aber diese beiden Unvermeidlichkeiten auch noch schlecht, wie das leider oft genug vorkommt, so ist kein deutscher Magen diesen Strapazen gewachsen. Ich habe mich durch 48 stündiges Hungern, Soda und Lindenblüthenthee auf gut deutsch kurirt und fühle nur noch eine große Mattigkeit in den Gliedern.

An Frau Emilie, London, 13. Mai 1852

Fütterung der Nerven

Mit meiner Gesundheit geht es seit heute etwas besser, was ich theils auf meine Hungerkur, theils auf Cognac und Sauerbrunnen schiebe, welche Mischung ich, neben Thee, als Abendbrot eingeführt habe. Gegessen wird nichts. Ich lebe wie im vorigen Jahre buchstäblich von der Luft. Morgens zum Kaffe, der aber kein Kaffe ist (gebrannte Gerste mit ein paar Cacaoschalen dazu) genieß' ich ein Hörnchen; Abends zum Thee gar nichts. Zu Mittag ess' ich manierlich, lasse aber (unerhört!) zwei Gerichte immer ausfallen, und könnte von dem verbleibenden Rest auch noch wieder die Hälfte fortgelassen. Wenn ich die Suppe und dann das folgende Gericht, beispielsweise gestern irish stew, gegessen habe, bin ich vollkommen satt. Ich esse dann noch Gemüse und Mehlspeise, aber nur aus Leckerei, von scharfem Appetit keine Rede mehr. Ich sehe daran recht, daß mein Essen nur zur Fütterung meiner Nerven dient; übernimmt die Luft diese Fütterung, so brauch' ich beinah nichts, hab ich aber blos Canalluft, die den Fütterungsdienst nicht leisten kann, so brauch' ich noch Ei und Schinken. Du wirst natürlich über all dies lachen, wenn Du aber an Deine eignen Nervenzustände denkst, wirst Du mir glauben.

An Frau Emilie, Norderney, 26. Juli 1883

Retrorsum

Berthelot oder Werner Siemens erklären uns: das Goldene Zeitalter kommt, das kennt keine Not. Aus Stickstoff, Kohlestoff. Aus Kohlenstickstoff, aus Sauer- und Wasserstoff eine neue glänzende Ära troff. Es gibt keine Hungersnot mehr, es gibt keine Felder, es gibt auch (fast ängstlich) keine Gelder. Man hat seine sämtlichen Lebenslose in einer Art von Tabaksdose. Die hat Tasten, Drücker, Knöpfe, Züge, und zieht oder drückt man,

So geht es los,
Und man hat alles ganz famos.
Druck links gibt eine Butterstulle,
Druck auf rechts gibt eine Gilkapulle,
Druck oben, und du siehst Spargel sprießen,
Druck unten, euch soll Tokaier fließen,
Druck links Kotelett aus der Kasserolle,
Druck rechts ein Liter wie von Bolle,
Druck links auf eine Schatulle
Gibt 'ne Schinken- und Käse-Stulle.

[...]

Abstirbt uns das alte liebe Vieh,
Es wächst nur Weisheit und Anämie,
Gott, führe zurück uns die Patriarchen
Und laß uns wieder schwitzen und schnarchen.

Quellennachweis

Die Texte aus den Romanen, aus den »Wanderungen durch die Mark Brandenburg«, den Gedichten, den Autobiographien »Meine Kinderjahre« und »Von Zwanzig bis Dreißig« sowie der Brief an Heyse von 1850 sind folgenden Editionen des Aufbau-Verlages entnommen:

- Romane und Erzählungen in acht Bänden. Herausgegeben von Peter Goldammer, Gotthard Erler, Anita Golz und Jürgen Jahn, Berlin und Weimar 1993.
- Wanderungen durch die Mark Brandenburg. Herausgegeben von Gotthard Erler und Rudolf Mingau unter Mitarbeit von Therese Erler. Große Brandenburger Ausgabe. 7 Bände, Berlin und Weimar 1994.
- Gedichte. Herausgegeben von Joachim Krueger und Anita Golz. Große Brandenburger Ausgabe. 3 Bände, Berlin 1995.
- Autobiographische Schriften. Herausgegeben von Gotthard Erler, Peter Goldammer und Joachim Krueger. 3 Bände, Berlin und Weimar 1982.

- Der Briefwechsel zwischen Theodor Fontane und Paul Heyse. Herausgegeben von Gotthard Erler. Berlin und Weimar 1972.

Auszüge aus »Kriegsgefangen. Erlebtes 1870« und »Aus den Tagen der Okkupation. Eine Osterreise durch Nordfrankreich und Elsaß-Lothringen« sowie »Ein Sommer in London« folgen der Abteilung III der »Sämtlichen Werke« in der Nymphenburger Verlagshandlung. Herausgegeben von Edgar Groß, Kurt Schreinert, Rainer Bachmann, Charlotte Jolles, Jutta Neuendorff-Fürstenau, Peter Bramböck. München 1959ff.

Die Passagen aus den »Reisebriefen vom Kriegsschauplatz Böhmen 1866« stammen aus der von Christian Andree herausgegebenen gleichnamigen Publikation des Propyläen Verlages (1973). Nach der Ausgabe des Berliner Propyläen Verlages (Theodor Fontane, Briefe. Herausgegeben von Kurt Schreinert. Zu Ende geführt und mit einem Nachwort versehen von Charlotte Jolles. 4 Bände. Berlin 1968–1971) werden die Briefe an den Vater, an die Mutter, an Frau Emilie, an Tochter Mete sowie an Familie Zöllner zitiert.

Dem Brief an Erich Schmidt von 1898 liegt der Abdruck im Band 4 der Abteilung »Briefe« in der Ausgabe des Carl Hanser Verlages zugrunde; herausgegeben von Otto Drude und Helmuth Nürnberger, München 1982.

Für den Passus über Rüdesheim und Asmannshäuser stand das Notizbuch über die Rheinreise 1865 im Potsdamer Theodor-Fontane-Archiv zur Verfügung (Leihgabe der Staatsbibliothek zu Berlin – Preußischer Kulturbesitz).

Besonderer Dank gebührt dem Archiv der Landesgeschichtlichen Vereinigung für die Mark Brandenburg, das die beiden Wochen-Speisepläne Fontanes freundlicherweise zur Verfügung stellte.